INNOVATION AND ENTREPRENEURSHIP & CAPITAL OPERATION

创新创业与资本运作

蒙丽珍 方　芳 主　编
卢珍菊 姚伟民　副主编

东北财经大学出版社
Dongbei University of Finance & Economics Press
大连

图书在版编目（CIP）数据

创新创业与资本运作 / 蒙丽珍，方芳主编．—大连：东北财经大学出版社，2017.5

ISBN 978-7-5654-2761-9

Ⅰ.创… Ⅱ.①蒙… ②方… Ⅲ.创业-研究-广西 Ⅳ.F279.276.7

中国版本图书馆CIP数据核字（2017）第091660号

东北财经大学出版社出版

（大连市黑石礁尖山街217号 邮政编码 116025）

网 址：http：//www.dufep.cn

读者信箱：dufep@dufe.edu.cn

大连天骄彩色印刷有限公司印刷 东北财经大学出版社发行

幅面尺寸：170mm×240mm 字数：221千字 印张：11.75 插页：1

2017年5月第1版 2017年5月第1次印刷

责任编辑：孙晓梅 王 斌 责任校对：李丽娟 徐 群 孟 鑫

封面设计：冀贵收 版式设计：钟福建

定价：38.00元

教学支持 售后服务 联系电话：（0411）84710309

前　言

为鼓励和引导科技工作者投身创新创业活动，释放科技创新活力，激发科技工作者创新创业热情，着力解决科技工作者、科技企业在创业过程中商业模式运作、资本市场对接等突出问题，广西科学技术协会与广西财经学院联合主办了“广西专家论坛——创新创业与资本运作”，同期召开了科技供给侧改革与“双创”商业模式研讨会，以期强化科技有效供给，服务广西创新驱动发展战略。

2016年全国大众创业、万众创新活动周于10月12—18日举行，广西与全国同步举办广西大众创业、万众创新活动周。广西财经学院积极参与其中，与广西科学技术协会联合举办的“广西专家论坛——创新创业与资本运作”成为广西大众创业、万众创新活动周的系列活动之一。本届论坛发挥了进一步推动“双创”政策落地、进一步激发社会市场主体潜能、进一步弘扬“双创”文化三方面作用，积极打造“双创”成果的展示平台、“双创”典型的推介平台、“双创”资源的汇聚平台和“双创”智慧的新鲜事平台；有助于中小微科技企业了解创新创业与资本运作、科技供给侧改革与“双创”商业模式之间的关系，通过各方专家、代表的建言献策，找到突破口，有效解决广西中小微科技企业所遇到的瓶颈。

本书汇编了广西区内外专家、学者、师生代表围绕论坛主题的精彩发言以及优秀来稿，旨在更好地搭建创新创业与资本运作之间的桥梁，服务创新驱动发展战略。

本届论坛的举办得到了广西科学技术协会以及广西财经学院等有关单位和部门的大力支持与指导。广西财经学院创新创业学院李瑞红、孙翠艳、李颖、谢玮、黄巍华同志热情参与了本书的编写。谨此，我们向给予帮助的所有单位与个人致以衷心的感谢！

编　者

2017年1月

目　录

浅议互联网时代企业的颠覆与创新发展 …… 李海舰　梁　刚（1）
促进创业创新税收政策研究——基于广西统计数据的分析
…………………………………………………… 蒋励佳（5）
科技金融：金融支持科技创新 ……………………… 余亦民（12）
用数字说创投 ………………………………………… 李　享（19）
绿色金融体系构建与业务创新 ……………………… 梁　刚（24）
建筑产业化发展模式创新研究 ……………………… 谢晓鹏（28）
创新创业教育实践探讨——以广西财经学院为例 … 卢珍菊（33）
“互联网+”战略背景下科技型企业商业模式创新路径研究
…………………………………………… 李　颖　方　兴（39）
互联网思维下的创新商业模式 … 覃月明　严久欣　宣芳敏（47）
机制创新视角下营造中小微企业融资公平环境研究 … 李瑞红（52）
慕课教学对财经类学生“双创”教育的影响
——学生学习行为的视角 ……………………… 吴水亭（57）
关于大数据挖掘应用对商品营销模式的影响浅析 … 谢　玮（63）
高校大学生绿色创新创业教育实践体系建构
——基于生态学视域的研究 ……………………… 韦联桂（68）
广西中小型科技企业融资渠道创新研究 …………… 孙翠艳（74）
农产品电商的员工持股融资风险浅析 …… 邓倩芳　汤佳颖（78）
科技创业商业模式研究——以华为为例 … 黄晓兰　江鹏飞（82）
广西专利事业发展投入机制的优化策略分析 ……… 王　旦（88）
多层次资本市场——广西科技创新企业的融资建设 … 韦春贝（95）
科技创新带来新形势的发展 ……………………… 余仁礼（102）
中小微企业科技创业商业模式创新研究 ………… 苏雪晨（107）
财经类院校创新创业研究分析 …………………… 陈李论（113）
科技创新和商业模式创新的融合机制 …………… 杨文润（117）
中国大学面临的创新创业挑战问题 ……… 周化钢　卢玉光（123）
中小微创新科技型企业融资渠道研究 …………… 梁　婧（128）
论创新科技企业的融资困境 ……………………… 区梦怡（133）

关于广西“双创”国有资金管理的几点思考
……………………………………… 梁艳娟 覃幼洁（137）
广西中小微科技企业融资渠道创新 ………………… 雷远方（141）
创新广西科技企业融资渠道的探讨 ………………… 林桂芬（147）
科技型中小企业的融资渠道研究
——以风险投资为例 ……………………………… 罗 恒（151）
互联网+中小型科技初创企业融资新思路研究 …… 韩 悦（157）
“双创”背景下高校人才培养现状及影响因素研究
——以南宁市各高等院校为例 …………………… 黄巍菁（163）
刍议企业管理体系创新优化 ………………………… 王元凯（169）
科技企业融资渠道研究 ……………………………… 翟建达（177）

浅议互联网时代企业的颠覆与创新发展

李海舰[1]　梁　刚[2]

（1.中国社会科学院工业经济研究所；
2.中国社会科学院工业经济研究所、包商银行博士后科研工作站）

摘　要　对于企业而言，互联网时代的到来就意味着不断更新与颠覆。本文主要从员工、顾客、产品、企业、管理五个方面阐述互联网带来的颠覆性变化。通过对上述各个方面的阐述与梳理，帮助企业与管理者抓住互联网时代的机遇，适时创新与变革，推动企业实现跨越式发展。

关键词　互联网时代　颠覆　创新

在互联网时代，信息技术正在以前所未有的广度和深度加快推进生产方式、发展模式的深刻变革，尤其会对传统产业的发展方式产生颠覆性、革命性的影响。互联网时代的特征就是跨界，就是变化，就是开放，就是融合，其中最重要的特征就是变化。交易空间在变化，时间在变化，主体在变化，速度在变化，环节在变化。

从某种程度上说，“互联网+”正在成为一种创新的主要手段和工具。在这个时代，企业要想不被淘汰，就要勇于自我否定–自我革命–自我超越。只有尽早发现变化、拥抱变化、顺应变化，才能先发制人，保持优势，打造互联网时代的标杆企业。

学术语言“创新”翻译成企业语言就是“颠覆”！一切传统商业模式都在互联网时代被颠覆，不是已经被颠覆，就是正在被颠覆中，或是即将被颠覆。我们结合员工、顾客、产品、企业、管理五个方面谈谈创新与颠覆。

1.对员工的颠覆

现在人的生活习惯随着互联网时代的熏陶而不断改变，除了睡觉，大多数人几乎16个小时跟移动端结合在一起，这比传统的PC端使用时间多出数倍。企业员工可以通过移动互联网，将个人动态、信息随时随地发布在微信朋友圈、微博等社交网络中，不断增强自身的影响力，吸引大量的追随者。

在这个过程中，员工的身份也逐渐从被管理者转向自管理者，其中相当一部分人进一步转化成自创业者，从而建立自企业、自媒体、自结社、自金融，逐渐成为个人帝国主义思想的贯彻者。

通过建立企业股权激励、合伙人等制度，员工从执行者转型为创业者，从被雇佣者转型为动态合伙人，从企业付薪转型为用户付薪；大量员工从开网店、开微店中赚取可观的利润，专职、兼职等多种就业形式让员工有越来越多的机会做自己职业生涯的主宰。

2.对顾客的颠覆

在互联网时代，企业本位主义已经行不通了，必须转变为用户本位主义。想用户之所想、急用户之所急，这是一个企业家必须日夜思考的问题。顾客就是指光顾的客人，他们一般是浅尝辄止、走马观花，这样的消费者是不长久的，必须提高消费者的忠诚度，让他们成为用户。他们不仅是使用公司产品的人，而且是喜爱公司产品的人，更要成为依赖公司产品的人，这样的人才是高端用户。

当然，仅仅把消费者培养成用户还不够，要进一步换位思考，不断完善，追求极致，设计出让消费者满意的产品，把消费者变成企业和产品的“粉丝”，让他们成为迷恋公司产品的人，成为公司产品忠实的追随者和企业形象的自发传播者。

有了“互联网+”，企业就能从线上获得消费者快速变化的需求，能快速发现、研究消费者的改变，能与消费者互动并让消费者参与产品研发。互联网时代的企业要颠覆传统的顾客概念，通过加强内外部一体化，培养高忠诚度“粉丝”。这些“粉丝”不仅关心企业的发展，经常提出自己的建议，而且会召集一批朋友一起影响企业的需求决策。

3.对产品的颠覆

传统的功能化产品概念也在被颠覆中。消费者需要智能产品，智慧性产品的概念应运而生。一个产品仅由实现基本使用功能的物理件组成是不行的，高附加值的智能件是必不可少的，再加上使用便捷的连接件，未来的“互联网+”产品或许是“乐高”式积木生产，把各个部件发给用户，由用户通过不同的模块组装成不同的产品。

单功能产品要向多功能产品进化，产品功能要集成化、平台化，通过交互触摸屏将消费者的思想，经由手指的触动，完成平台对信息的整合和提炼、对任务的分配和督导、对客户需求的满足和跟踪。在互联网时代，消费者的个性需求意识觉醒，他们不再满足于企业提供的规模化产品，为了满足个性化需求，消费者参与到设计、生产甚至销售环节，企业也将体验式产品营销能力当作新的核心竞争力和竞争优势。

传统的先生产再销售模式也被颠覆，而代之以先销售后生产模式，把正库存转化为零库存，甚至负库存；把通过用户付费来赚钱，改进成通过提供免费服务来赚钱，甚至打破思维惯性，通过向用户付费来赚钱。赚谁的钱呢？就是那句经典的话——羊毛出在狗身上，猪买单。“滴滴”和“快的”在早期争夺市场时，就曾向消费者发放补贴，进行资金投入，看似不可理解，但随着“滴滴”一统天下，甚至并购了美国实力强劲的对手Uber以后，大家才看明白，“滴滴”是这轮战斗中真正的赢家。

4.对企业的颠覆

“有人说我是海尔的舵手，错了，我是船的设计师。原来我辛苦打造的这艘船，现在要亲手拆掉，这是最难的。”这是海尔集团董事局主席张瑞敏接受采访时说的，这位互联网色彩愈加浓厚的家电元老级人物认为：互联网挑战已经到来了，信息零距离、去中心化、分布式的特征正在颠覆产业现实，如果不自己变革创新，就只能被别人破坏。海尔也要从原来的航空母舰拆成小船，成为联合舰队。过去传统工业的结构化模式，在互联网、移动互联网乃至大数据技术的冲击下，正在被颠覆。但是，这种颠覆本身带来的是产业之间的融合，以及新兴产业的蓬勃兴起，这种颠覆是积极的、正能量的。

工业4.0（又称第四次工业革命）是制造业数字化水平提升的机遇，企业在这次大潮中也要及时调整自己，大破大立，跟上时代，成为企业4.0主潮流中的一员。如何成为企业4.0主潮流中的一员呢？要有跨界思维。跨界思维是一种“普适智慧”，不是只在创新时才需要跨界，也不能需要跨界了才去做跨界的准备。跨界，首先必须跨越思维观念之“界”；跨界，也可叫做资源共享整合，应该成为一种新的行为方式；跨界，不仅是对外在商业模式的颠覆，而且是对组织内部系统的颠覆。组织内部一定要动态化、柔性化、协同化，形成灵动可变的柔性组织，才能合力推动外部资源共享整合。

从拥有到共享的改进，也是企业颠覆中重要的一环。共享经济作为一种新的商业模式，目前已渗透到各行各业，形成新的发展驱动力。对社会来说，这种模式有利于推动闲置资源的合理配置，增加社会福利，促进人们工作和生活方式的改变。艾媒咨询数据显示，2014年中国互联网共享经济行业飞速发展，增长率为118.5%；2015年行业规模更是突破2万亿元，达23 360亿元。今后，国内互联网共享经济的发展仍会保持迅猛的增长势头，特别是场地服务、家政服务、知识技能、兴趣爱好、物流等细分领域，更加成熟与完善的共享模式仍有待发掘，存在一定的市场潜力与发展空间。

5.对管理的颠覆

管理的最高境界是零管理。当移动互联网的属性映射到企业内部时，每一个工作群体都能够自我管理、自我成长，每一个创客团队都能够根据市场直接开发、直接对接外部资源，企业将不存在“中心”。当企业的客户或消费者三五成群地组成一个个碎片化的社群时，品牌的口碑在社群之间流动，节点和节点之间的传播速度加快，影响力逐渐增强，品牌也将不存在“中心”。从金字塔式、命令式的协同方式到自动交互协同，流程化、团队化会变得更重要。

零管理的实质是自组织管理。人与岗位之间、人与人之间在以组合交互的方式进行劳动方式和合作方式的创新，它可能围绕客户的一个问题、客户的价值创造来建立不同的团队，打破部门界限和岗位职责界限，管理也相应地要转变为流程管理和团队管理。组织形式不再是原来的链条式，而是网状的平面式，网状节点的每一个位置都需要一个合适的应聘者，这个人应有很好的自我管控和适应能力。网状平台不再是静态的，每个人都可以尽情发挥自己的才能，每时每刻都可以向客户展现企业的动态，也可以向企业反馈客户的诉求。自组织管理可以极大地激发员工的主人翁精神，变“要我做”为“我要做”，使员工成为企业真正的主人，激发出企业更大的活力和团结力。

6.结　语

以上探讨的“五大颠覆”实际上就是“五大创新”，就是要在风暴到来之前做出研判，主动求变，主动适应，把握先机。马云说：“任何一次商机的到来，都必将经历四个阶段：看不见，看不起，看不懂，来不及。”而任何财富的缔造必将经历一个过程：“先知先觉经营者，后知后觉跟随者，不知不觉消费者。”互联网时代的企业要发展，必须勇于创新，敢于颠覆。期待企业家们在每一次主动颠覆和创新后，都会见到雨后美丽的彩虹！

参考文献

［1］马琳．互联网时代的企业管理创新［J］．中国管理信息化，2015（22）：85-86.
［2］张瑞敏．互联网颠覆传统管理模式［J］．IT时代周刊，2014（14）：12.

促进创业创新税收政策研究
——基于广西统计数据的分析

蒋励佳

（中国社会科学院财经战略研究院）

摘　要　“大众创业、万众创新”是中国经济转型和保增长的“双引擎”。创业、促进创业和发展创业离不开国家政策的扶持，税收政策是国家宏观调控的重要引导工具，建立健全有效的税收政策激励机制，有助于支持和促进自主创新发展，增强我国科技竞争实力，营造有利于创业创新的良好氛围和税收环境。本文基于广西现行税收扶持创新政策执行效果，提出相关对策建议。

关键词　创新创业　税收　政策

随着全球化浪潮和经济增长范式的转变，资源优势日益让位于技术优势，创业作为经济发展的内生动力和经济增长的主要推手，不仅可以提升国家或地区的经济增长，而且在带动就业方面发挥着不可替代的作用。为此，世界各国政府的战略与政策取向都放在了鼓励创业、促进创业上。发展中国家面临着经济增长的资源环境约束，转变发展方式的要求越来越强烈，在此背景下，研究创业财税机制有效性问题有一定的现实指导意义。《国家中长期科学和技术发展规划纲要（2006—2020年）》明确提出，要充分利用税收政策来支持企业的创新活动，使税收政策的影响和作用在实践中得到充分发挥。

1.现行促进创新创业税收政策及实施状况

创业是创新的实践和应用，创新是创业的基础和条件，创业和创新相辅相成。我国近年来接连出台多项财税政策促进创新创业，包括设立400亿元的新兴产业创业投资引导基金和600亿元的国家中小企业发展基金、扩大固定资产加速折旧范围、加大对小微企业的减税力度等，以期提高政策的精准性与有效性，形成更加有效的支持模式，并使财政政策与金融、产业等政策相协调，更好地促进创业创新。现行促进创新创业税收政策主要分为支持高新技术企业、促进研发投入、促进科技成果转化、激励科研人员创新创业、支持创业平台发展五大类。

1.1 支持高新技术企业的税收政策及实施状况

第一，对需要重点扶持的高新技术企业，减按15%的税率征收企业所得税。第二，软件和集成电路企业优惠政策。第三，对21个中国服务外包示范城市范围内，经认定的技术先进型服务企业，减按15%的税率征收企业所得税。

2015年，广西区内实际享受高新技术企业税收优惠政策的企业有158户，同比增长8.22%；减免企业所得税38 310.69元，同比增长3.13%。享受软件和集成电路企业优惠政策的企业有41户，即征即退增值税、减免企业所得税5 316万元。

1.2 促进研发投入的税收政策及实施状况

首先，企业为开发新技术、新产品、新工艺发生的研究开发费用，未形成无形资产计入当期损益的，在按照规定据实扣除的基础上，按照研究开发费用的50%加计扣除；形成无形资产的，按照无形资产成本的150%摊销；其次，由于技术进步、产品更新换代较快的固定资产，可以缩短折旧年限或者采取加速折旧的办法。

2015年，广西区内实际享受研发费用加计扣除企业所得税优惠政策的企业有114户，税前加计扣除和摊销金额（仅指50%加计扣除部分）为126 774万元，同比增长37.6%。享受固定资产加速折旧扣除企业所得税的企业有79户，同比增长8.2%；企业所得税扣除折旧额为1 741万元，同比增长22.1%。

1.3 促进科技成果转化的税收政策及实施状况

第一，纳税人提供技术转让、技术开发和与之相关的技术咨询、技术行为，免征增值税。第二，居民企业在一个纳税年度内技术转让所得不超过500万元的部分，免征企业所得税；超过500万元的部分，减半征收企业所得税。

2015年，广西区内实际享受提供技术转让、技术开发和与之相关的技术咨询、技术行为免征增值税的企业有80户，同比增长19%；免征增值税税额409万元，同比增长28.62%。享受技术转让所得优惠政策的有2户，免征所得税税额366万元。

1.4 鼓励科研人员创新创业的税收政策及实施状况

一是企业对科研人员职务科技成果的无偿给予股权奖励按照“工资薪金所得”实行5年分期缴纳个人所得税政策。二是科研机构、高等学校和转化职务科技成果给予个人的股权奖励，按照“财产转让所得”实行递延到转让环节缴纳个人所得税政策。三是科技人员等个人以科研成果等非货币性资产投资，按照“财产转让所得”实行5年分期缴纳个人所得税政策。四是国家级、省部级以及国际组织对科技人员颁发的科技奖金，免征个人所得税。五是回国服务的在外留学人员用现汇购买1辆个人自用国产小汽车，免征车辆购置税。长期来华定居专家进口1辆自用小汽车，免征车辆购置税。

2016年，广西共有3人享受高新技术企业对本企业相关技术人员股权奖励可以在5年分期缴纳个人所得税政策，涉及税款216万元；6人享受以科研成果等非货币性资产投资优惠政策，涉及税款19.68万元；45人享受免征车辆购置税优惠政策，减免车辆购置税金额128万元。

1.5 支持创业平台发展的税收政策及实施状况

目前广西具备一定规模的科技创业孵化器共有8家，其中综合科技企业孵化器7家、国家大学科技园1家。我国从2013年起实施科技企业孵化器优惠政策，对广西科技企业孵化器的发展起到了一定的推动和支持作用。

一方面，创业投资企业采取股权投资方式投资于未上市的中小高新技术企业享受税收优惠政策；另一方面，对符合条件的孵化器自用以及无偿或通过出租等方式提供给孵化企业使用的房产、土地，免征房产税和城镇土地使用税。对其向孵化企业出租场地、房屋以及提供孵化服务的收入，免征营业税；在营业税改征增值税试点期间，对其向孵化企业出租场地、房屋以及提供孵化服务的收入，免征增值税。

2015年，广西区内共有3户企业享受科技企业孵化器政策，免征房产税7.72万元，免征土地使用税2.31万元，免征营业税45.94万元。

2.促进创新创业税收政策的效应分析

2.1 推动以高新产业为代表的企业蓬勃发展，激发经济发展“新活力”

高新技术企业、软件和集成电路企业税收优惠政策通过有效降低企业税负，改善企业现金流状况，支持企业增强科技创新能力，提高产品附加值和科技含量，激发企业加大科研投入的积极性，促进了社会资本向高新技术领域流动，高新技术企业数量不断增加。广西区内高新企业从2014年的538户增加到2015年的641户，同比增加19.14%；高新技术企业的总收入也从2014年的2 928.74亿元增加到2015年的3 229.51亿元，同比增长10.27%。

2.2 助力科研投入，打造经济转型“新动力”

研发投入费用加计扣除和固定资产加速折旧政策，对于企业增加研发投入直接予以支持，政策效果立竿见影，有效刺激了广西科技成果和固定资产投资的增加。2015年，广西区内企业科技成果登记数1 401件，同比增长110.3%；专利申请授权数13 571件，同比增长40.43%。科技投入成效显著。2015年，广西区内高新技术固定资产投资额720.18亿元，同比增长21.5%，高新技术产业固定投资额呈上升趋势。广西区内享受研发投入费用加计扣除优惠政策的金额逐年加大，2015年加计扣除和摊销金额同比增长37.6%，研发费用增长势头显著。

促进科技成果转化的优惠政策降低了技术转让成本，特别是转让方的税负降低了，扩大了其获利额，具有鼓励技术转让的正向作用。2015年，广西区内技术市场成交金额为64.97亿元，占同期GDP的比例为0.39%。享受技术转让增值税优惠的企业80户，同比增长19%；金额409万元，同比增长28.62%。增值税优惠的受惠面有所增加。

2.3 支持创新创业，挖掘就业“新潜力”

针对科研人员创新创业个人所得税和车辆购置税的优惠政策直接与科研人员的收入挂钩，直接向个人兑现改革红利，对于激发科研人员的创业热情、增强科研人员的改革获得感具有重要作用。

截至2016年，广西区内科技孵化器孵化了大量的科技型中小企业，提高了科技成果转化率，有效促进了产业结构调整和高新技术产业化，取得了较为显著的经济效益和社会效益。2014年广西区内科技创业孵化器共孵化769家企业，2015年共孵化788家企业。2014年广西区内科技创业孵化器孵化的企业总收入达14.25亿元，2015年达16.04亿元，同比增长12.56%。同时，支持创业平台发展的税收政策为广西营造了创业氛围，培养了一批科技创业者和企业家，吸引了一批海外学子回国创业，2015年广西区内科技创业孵化器在孵企业就业人数12 142人，有力推动了科技交流与合作。

3.促进创新创业税收政策存在的问题

3.1 促进创新创业税收体系不够健全

我国促进企业创新创业的税收政策大多是依据经济发展状况和国家产业政策的调整变化而相应制定的，虽然包含了科技项目引进、研究、开发、推广、应用、转化和转让等各个阶段，但没有按照创新企业的发展过程进行系统规划，造成许多优惠政策是针对单一环节、单一问题而出台的，没有形成长效性的制度规定。同时，我国促进企业创新创业的税收政策基本上是通过对税收法规的某些条款修订、补充而形成的，散落在各类税收单行法规或税收文件中，缺乏应有的权威性和稳定性，也没有形成一套比较完整的支持企业创新和研发的税收优惠政策体系，无法体现税种之间的横向协作关系和内在的协调一致性，难以实现各税种之间的相互配合，极大地限制了促进企业创新创业的税收政策效用的发挥。

3.2 促进创新创业税收政策激励不足

很多促进创新创业的税收政策是针对科技发展中的具体情况而出台的，难以使所有的创新项目普遍得到扶持，这造成政策激励不足。广西区内享受技术转让优惠政策的户数、金额都比较少，一方面是因为广西研发实力不足，技术交易市场规模不大；另一方面是由于技术转让税收优惠的对象主要是转让方，对受让方则没有相应的优惠政策。技术转让免征增值税的政策主要对小规模纳税人较为有利，对于受让方为增值税一般纳税人的企业而言，实际获益有限，政策缺乏吸引力。企业无偿给予科研人员职务科技成果的股权奖励按照“工资薪金所得”实行5年分期缴纳个人所得税政策只针对高新技术企业，广西区内高新技术企业不多，2016年具有高新技术企业资格的仅有641户，且部分企业处于亏损状态，难以实施股权激励，实际享受到这项政策的人员范围非常有限。科研机构、高等学校转化职务科技成果给予个人的股权奖励，按照“财产转让所得”实行递延到转让环节缴纳个人所得税政策，只针对科研机构、高等学校转化职务科技成果而言，实施的成果也不够广泛。

3.3 相关配套政策不完善

中小企业已日益成为技术创新的活跃因素，但对中小企业而言，享受加计扣除、加速折旧政策的会计核算门槛一直较高。在所得税申报时，必须填报相对复杂的附报资料，这导致纳税调整工作量增加；虽然优惠政策已调整成备案制，但是留存备查资料仍然不少；研发费用加计扣除政策中的研发费用归集较为复杂，企业财务人员不好把握。由于相关税收政策的规定不细致，税务部门在事后审核时缺乏明确的标准和依据，很容易造成执法风险。《财政部、国家税务总局、科技部关于完善研究开发费用税前加计扣除政策的通知》（财税〔2015〕119号）第五条第三款规定：“税务机关对企业享受加计扣除优惠的研发项目有异议的，可以转请地市级（含）以上科技行政主管部门出具具体鉴定意见，科技部门应及时回复意见。”但在实践中，因责任不明确、缺乏具体的鉴定程序，由科技部门出具鉴定意见并不容易。由于很多企业自主立项的研发项目不在政府明确的“权力清单”和“责任清单”内，科技部门只对于计划内的，即对企业已在本级部门立项的研发项目按程序出具鉴定意见，但对于计划外的企业自主立项的研发项目不予鉴定，税务部门无法根据科技部门的回函判断纳税人是否符合税收优惠条件。

3.4 管理手段缺乏

随着国家行政审批制度改革的不断深化，高新技术企业、软件和集成电路企业税收优惠已作为备案类事项管理，特别是软件和集成电路企业税收优惠改为企业提请备案，税务机关再转送有关部门核查，将实质审核程序后移，这给税务部门的事中事后管理带来新课题。原来的所得税管理主要采用重政策、轻管理，重事前备案、轻后续管理的管理方式，所得税信息化应用水平不高；而科技企业税收优惠政策对研发费用占总收入的比例、科技创新产品（服务）收入占企业总收入的比例有明确要求，如果不加强后续管理、及时发现存在的问题，将会产生后续管理不力的执法风险。虽然财政部、国家税务总局、国家发改委、工业和信息化委员会出台了相关政策对部门协作机制作出规定，但相关协作刚刚起步，各个部门的分工合作还需进一步磨合。

4.优化创新创业税收政策建议

4.1 完善与创新创业重点环节相吻合的税收激励体系

作为最具创新潜力和创业活力的市场主体，支持创新创业的税收政策体系应将施力重心瞄准中小企业，实施“加法”调控，通过灵活运用各种财政支持工具，破解中小企业在融资、创新、创业、市场开拓等层面的难题。

一是构建以研发环节为重点的激励机制。要允许高新技术企业按销售收入的一定比例提取技术开发准备金，用于一定时期的技术研发工作，并可在税前扣除，使那些亏损、处于创业初期没有盈利的企业也可以享受高新技术企业所得税优惠政策，形成有利于研发的税收激励导向，扩大高新技术企业优惠政策受惠面，增强企业自主创新动力。二是建立创新产品消费的激励机制。要提高企业创新产品广告宣传费税前扣除比例，并允许以后纳税年度结转扣除，减轻创新企业销售环节的负担；对消费者购买创新产品的，给予退还流转税和按比例在所得税前扣除的优惠政策，鼓励对创新产品的消费。三是完善人才引进的激励机制。除对科研人员从事研发取得特殊成绩而获得各类奖励、津贴和以技术入股而获得的股权收益，给予个人所得税减免政策外，还要完善股权激励的税收政策：引入递延纳税机制，对员工因长期激励而取得的股权，待该股权再次转让时申报纳税；允许持股在一定期限以上且符合税法规定条件的股权激励，直接按“财产转让所得”计算纳税；为进行股权激励，对大股东低价转让或赠与股票实施免征或退还个人所得税的优惠政策。

4.2 完善与国家战略相协调的税式支出制度

税式支出作为政府调节经济的手段，主要运用税收优惠政策对特定项目的税种进行减免，从而降低企业成本，实现对资金的引导，使更多资金流向技术研究与开发，降低企业创新的风险。目前，中国尚未形成税式支出分析评价机制，而减免税数额已有相当规模，有必要参照国际经验，将减免税纳入国家预算体系，建立专门的预算管理制度。把减免税纳入预算体系，有利于统筹安排财力，在满足基本公共服务支出需求的基础上，把握减免税的力度，防范财政风险；还有助于提高减免税政策和资金使用的透明度，加强规范管理和社会监督，进一步减轻中小企业创新创业负担，提升经济供给能力，促进新兴增长点生成。

4.3 完善创新创业税收优惠的相关配套政策

要完善相关政策，支持重点群体创业，适当放宽政策限定条件，简化申请要求，加大政策扶持力度。例如，对于研发费用加计扣除，应根据简便易行原则，结合企业经营实际，明确企业划分和归集相关研究费用、开发费用和生产费用的标准。我们建议，以会计制度为基础，研究费用和开发费用由企业按照会计制度区分，研发费用和生产费用以是否参与研发活动为标准，在明确有关标准的基础上，制定研发费用归集指引，作为企业和税务部门具体认定的范例，减少税企争议和执法风险。要进一步激发市场主体的创新活力，增强科研人员创新意愿，积极支持创新产品生产和管理方式变革、商业模式革新以及产业价值链重构。

4.4 优化促进创新创业的纳税服务体系

一是深入贯彻《深化国税、地税征管体制改革方案》，以“改革、合作”为主题，推动国税、地税服务深度融合，执法适度整合，信息高度聚合，提升创业创新主体的满意度、遵从度。二是依托金税三期系统，建立电子管理台账，实施电子化跟踪管理。针对高新技术企业税收优惠等重点后续管理事项，依托专家团队加强专业化审核，实施团队管理；针对重点行业后续管理事项，借助科技部门等第三方建立常态信息沟通机制和有效的信息共享平台，加强后续管理。三是做好政策辅导工作。围绕科技创新企业关心的问题，加强基础管理、优惠备案、留存被查等方面的工作，向企业发送风险提示；定期开办科技创新企业财务人员培训班，集中解答相关问题；通过优化纳税服务，增强鼓励创新创业政策的普惠性，更好地发挥政策效应。

参考文献

[1] 高培勇．论完善税收制度的新阶段［J］．经济研究，2015（2）：4-15.
[2] 贾康，刘薇．论支持科技创新的税收政策［J］．税务研究，2015（1）：16-20.

科技金融：金融支持科技创新

余亦民

（苏州金枫创业投资有限公司）

摘　要　金融支持是科技创新的重要推动力，科技和金融的有机结合可以提高科技成果转化为高效率生产力的速度。金融支持能为科技创新提供充足的资金。本文围绕科技金融合作现状、存在的问题，对如何促进科技金融合作发展提出了相应的建议。

关键词　科技金融　科技创新

2016年8月，国务院正式印发《“十三五”国家科技创新规划》（以下简称《规划》）。《规划》最为显著的特征是关注点不再框限于科学技术研究本身的革新和发展，而是更加注重国民经济主战场、科技前沿和重大需求，比如科技金融问题。

1.科技金融概述

1.1　科技金融的定义

科技金融的定义目前并未统一，最权威的定义是赵昌文在《科技金融》一书中的表述：科技金融是促进科技开发、成果转化和高新技术产业发展的一系列金融工具、金融制度、金融政策与金融服务的系统性、创新性安排，是由向科学与技术创新活动提供融资资源的政府、企业、市场、社会中介机构等各种主体及其在科技创新融资过程中的行为活动共同组成的一个体系，是国家科技创新体系和金融体系的重要组成部分。如果撇开复杂的金融语言，科技金融可以简化为一切服务于科技企业以及科技成果发展、创新的多方资源体系。

1.2　科技金融的渠道

科技金融传统的渠道主要有两种：一是政府资金建立基金或者母基金引导民间资本进入科技企业；二是多样化的科技企业股权融资渠道，具体包括政府扶持、科技贷款、科技担保、股权投资、多层次资本市场、科技保险以及科技租赁等。

随着互联网金融的兴起，在原有渠道基础上，科技金融出现了新的融资渠道——众筹。股权众筹是创业者借助互联网平台的公开展示功能，吸引公众投资者投资，并以出让一定股权比例的方式回馈投资者的融资模式。股权众筹具有受众广、风险分散以及低门槛的特征，非常适合为科技企业融资。例如，北大创业众筹是我国第一家科技成果转化类众筹平台，引入了科技成果科学化评价体系，为科技金融的发展提供了多样化的选择。

2.科技创新的动力

科技创新是指依赖科学的技术创新，科技创新的发展归根结底是人类需求推动的，人类对技术的需求将科学推向前进。人类需求与科技创新的关系如图1所示，人类文明对科技创新的需求可以从三个维度进行分析。

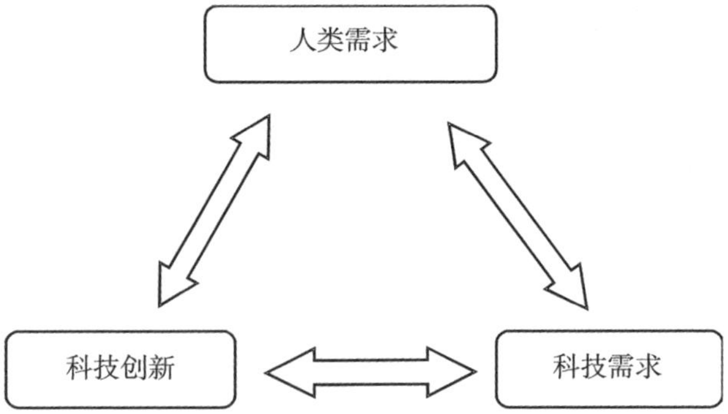

图1 人类需求与科技创新的关系

2.1 生产力提高的需要

提高工作效率、改善工作条件是人类文明进步的永恒主题。科技创新的重要方向之一就是提高生产力，提高工作效率。科技创新与进步和劳动力素质将决定劳动生产力水平，现代科学技术全面进步是提高生产力的关键因素。

2.2 人与自然关系的需要

人类自诞生以来，就面临着人与自然的关系问题。伴随人类的发展，人与自然的关系经历了对自然崇拜、以人为中心、人与自然和谐发展的演化。对能源、太空等未知领域的探索是推动人类科技创新的动力之一。

2.3 国家安全保障的需要

科技是国家强盛之基，创新是民族进步之魂。自古以来，科学技术就以一种不可逆转、不可抗拒的力量推动着人类社会向前发展。16世纪以来，世界发生了多次科技革命，每一次都深刻影响了世界格局。从某种意义上说，科技实力决定着世界各国政治、经济力量的变化，也决定着各民族的前途和命运。

3.科技金融对科技创新的促进作用

科技创新是一个新范式的技术经济系统发展过程，具有高投入、高风险、高收益等特征，其发展与科技金融体系的有效资本供给密切相关。科技金融对技术创新的促进机制主要体现在以下三个方面：

3.1 科技金融为科技创新提供资金支持

技术创新是庞大而复杂的系统工程，包括创新构思、技术或工艺的研发和试验、生产与市场开拓等过程，需要投入生产实验设备、厂房、研发人员、生产人员、销售人员等大量相关资源，这些都会转化为对资金的迫切需求。

3.1.1 政府层面以财政补贴等方式为技术创新提供资金

哥伦布在西班牙女王的支持下发现了新大陆，郑和在明成祖的支持下七下西洋。科技创新是推动一个国家或地区持续发展的动力与源泉，这一点已经成为人们的共识，也决定了政府在科技创新中扮演着重要角色。虽然各个国家或地区的政府支持科技创新的方式与途径不同，但大多在科技创新中发挥管理、协调、支撑与引导作用，为科技创新提供资金支持。

3.1.2 银行通过科技信贷将个人与家庭的闲置资金导向创新领域

资金短缺是各国或地区高科技企业发展过程中普遍遇到的瓶颈问题。在创新金融服务、支持科技创新方面，国外银行通过创新银行服务、降低科技企业信贷门槛及投贷联动等方式，支持科技信贷可持续发展。

中国科技金融始于20世纪80年代科技拨款制度改革，从1985年央行鼓励商业银行开办科技信贷业务起，经过30多年的发展，中国商业银行在降低创新企业风险方面做了诸多积极尝试，取得了较大的发展，但碍于金融创新、管理水平及担保体系滞后，科技企业融资难、融资贵问题依然凸显。

3.1.3 风险投资者与科技资本市场投资者通过股权投资的方式将资金投向创新企业

相较于传统的银行信贷，风险投资具有高风险、高收益的特征，这可能与科技创新本身更为契合。风险投资人根据自己的眼光和阅历，挑选自己认为有前途的人才和有市场的创新技术，给予资金和资源支持，尽最大可能确保投入回报。正如爱迪生与摩根、马云与孙正义一样，风投与科技创新者之间存在相互成就的关系，每一个成功的科技创新团队背后都站着众多的超级投资人。风投能在创新和成果转化之间发挥调节和促进的良好作用。

3.2 科技金融能实现对创新项目的早期筛选

无论是政府、商业银行还是风投机构，在对科技创新项目进行资金配置的过程中，均会对其进行筛选。政府财政与科技部门会组织专家评审，商业银行会进行严格的资产审查，资本市场投资者会根据财务、公告等信息进行筛选。项目筛选机制自动开启，筛选出优质创新项目，淘汰市场前景较差的落后项目。

3.3 科技金融为技术创新提供事后监督管理

政府财政与科技部门在项目进行过程中，通过全过程管理，监督创新项目的完成进度、完成质量及经费使用情况；商业银行通过监测企业的现金流量状况，对企业进行跟踪调查，向企业派驻监事，对企业的技术创新实施控制；资本市场投资者通过股价机制、董事会控制权等方式直接参与企业运营，帮助企业创新成功。

4. 中国科技金融发展现状

4.1 政策层面战略

根据《“十三五”国家科技创新规划》（以下简称《规划》），科技创新产业化需要经历研发、创业、产业化三个阶段。伴随企业的发展，企业融资的重点也会经历基金、股权、多元化融资三种主要模式，如图2所示。

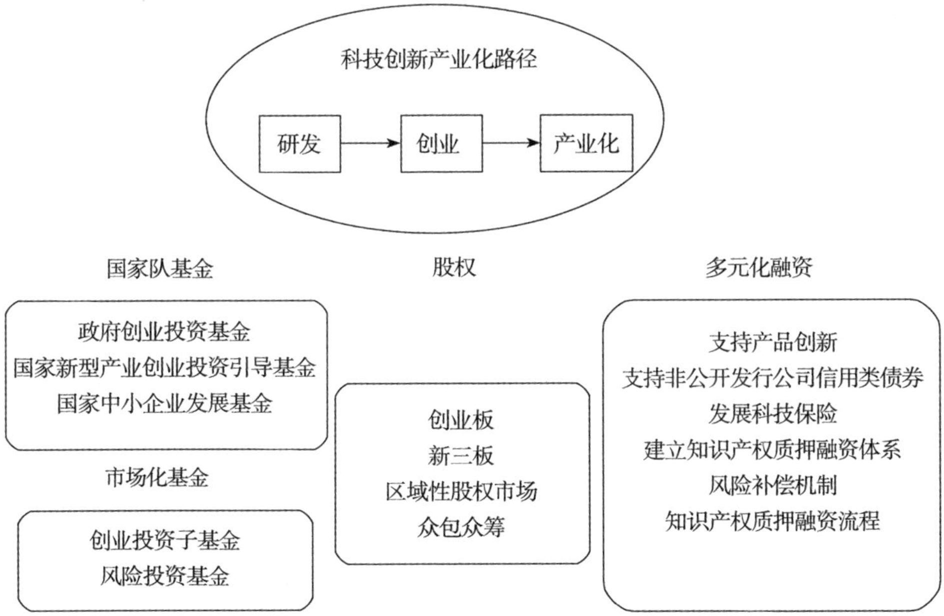

图2 科技创新产业化路径

《规划》指出，在科技创新初期，金融支持的主力应该是基金。市场化基金是科技创新创业可持续发展的根本资金来源，通过政策引导，吸引优秀投资管理团队成立创业投资子基金、风险投资基金等，对科技创新企业进行种子投资、天使投资和创业投资。

在科技创新创业期，发展创业板、新三板（全国中小企业股份转让系统）、区域性股权市场等股权市场，为大量的风险投资资金解决退出机制问题，使大量的科技创新企业尽早从私募走向公募，可以极大地提高科技创新企业的融资能力。

在科技创新项目产业化期，应支持多种形式的金融产品创新，强化保险的保障和支持，推进知识产权融资，支持企业债券融资。2009年9月以来，国家和江苏省、苏州市颁布的有关科技金融的政策如表1所示。

表1 **科技金融政策汇总表**

颁布时间	政策名称
国家	
2016年8月8日	《“十三五”国家科技创新规划》
2010年12月26日	《促进科技和金融结合试点实施方案》
2010年10月20日	《关于促进科技和金融结合、加快实施自主创新战略的若干意见》
江苏省	
2012年6月21日	《省政府关于加快促进科技和金融结合的意见》
2012年5月30日	《省政府关于加大金融服务实体经济力度的意见》
2010年9月20日	《关于江苏科技金融创新发展的指导意见》
苏州市	
2015年2月4日	《苏州高新区科技型中小企业短期贷款信贷风险补偿专项资金管理办法（试行）》
2012年12月14日	《苏州市科技型中小企业信贷风险补偿专项资金管理办法（试行）》
2012年9月11日	《苏州市科技保险费补贴资金使用管理办法（试行）》
2009年11月16日	《苏州市科技型企业上市融资资助暂行办法》
2009年9月4日	《关于加强科技金融结合、促进科技型企业发展的若干意见》

4.2 业务实践现状

4.2.1 政府主导支持情况

根据国家统计局的数据，政府用于科技发展的财政支出逐年增加，增幅稳定，变化较小，如表2所示。

表2　全国财政科技支出年度占比表

年份	财政科技支出（亿元）	同比增长（%）	占国家财政支出的比重（%）
2014	6 454.5	4.4	4.59
2013	6 184.9	10.4	4.42
2012	5 600.1	16.7	4.45
2011	4 902.6	19.2	4.51
2010	4 114.4	27.6	4.58

目前，我国科技金融服务平台主要有两类：一类是政府主导型的科技金融服务平台，如科技金融服务中心、科技型中小企业信贷项目评审科技专家咨询服务平台、实施“面向科技型中小企业的科技金融综合服务平台及应用示范”项目；另一类是市场主导型的社会化科技金融服务平台，如阿里金融、中新力合等。大部分科技金融服务中心分布在东部地区。

4.2.2　政策性银行支持情况

自2009年1月成都设立全国首批两家科技支行以来，科技支行在全国范围内“遍地开花”，主要商业银行均已设立了科技支行。截至2013年年底，全国共成立科技支行60多家，江苏省是全国设立科技支行最多的省份。

4.2.3　苏州市的科技金融

苏州市政府借鉴以色列的科技金融体系，开创了独特的“苏州模式”，即以银行为中心，以政府打造的产业环境和政策体系为基础，加强与创投机构、保险机构、证券机构等的合作，再结合会计师事务所、律师事务所、人力资源管理机构等科技金融中介机构的服务，为科技企业的发展提供一揽子综合化、专业化的金融服务。“苏州模式”形成了“银行+政府+担保+保险+创投+科技服务中介”统一结合的科技金融体系。

在此基础上，苏州市开发了“科贷通”，用于帮助科技型中小企业获得银行贷款，补偿合作银行为科技型中小企业放贷所产生的损失。

据2015年度苏州市科技统计数据监测，苏州市吴中区获得“科贷通”的企业数当年达到80家，累计达到236家；吴中区内企业获贷21.24亿元，其中当年新增贷款4.67亿元。

5. 结论与展望

5.1　宏观经济层面

随着宏观经济持续下行，传统制造业利润下滑近80%；农业方面，三大主粮价格全线下跌；工业方面，PPI连续49个月下降。民间投资断崖式下跌，“没钱投、不敢投、不准投”禁锢着民间投资预期。

在中国经济进入新常态，经济发展方式转换、经济转型升级的十字路口，我们需要技术创新，通过技术创新提升产业竞争力；依靠劳动生产力和多元化的创新，推动经济增长。

5.2 政策实施层面

2015年以来，全国各地围绕科技金融出台的政策累计超过千项，但落实起来难度不小。一方面，在政策落实过程中，缺少专人跟踪研究，政策申请条件较高、所需资料复杂、申请时间过长，导致企业知难而退；另一方面，“面子工程”较多，很多人热衷于重物理空间、轻价值空间。政府的直接及间接科技扶持资金主要用于已经取得一定成果的处于发展中后期的科技创新型企业，而风险较高及资金需求量较大的早期科创项目融资难的困境依然无法缓解。

科技金融扶持政策应该将扶持重点向处于初始发展阶段、规模较小的科技型企业转移，传统做法无法解决“小企业风险高-金融机构嫌贫爱富”的实践困境。以政府为主体，引导、激励高校、科研院所的科技创新研发行为，是科技金融政策落地的主要途径之一；此外，还要不以盈利为导向，实施普惠性科技金融政策。

5.3 企业服务层面

科技成果资本化在实现过程中，往往需要面对扶持提供方与被扶持方对科技成果价值判断的差异。科技创新即为填补空白，这决定了市场难以直接判断其价值。而技术含量越高、创新程度越高的产品，其价值判断难度越大。地方政府对高科技存在热情，但大多存有疑虑。因此，中立的评估机构可以磨合双方的分歧。一个由科技成果评估机构、财务专业机构、法律专业机构和投资管理专业机构组成的中介服务机构，从中立的立场对科技成果的科技水平、市场前景、专利权和经营预期给出独立意见，将减少双方受立场影响的偏见。

参考文献

[1] 韩亚欣. 中国科技金融实践中的经验、误区与路径导向——论普惠性科技金融体系的探索与构建 [J]. 当代经济管理，2016，38（11）：86-91.

[2] 刘芸. 我国科技金融发展的困境、制度障碍与政策创新取向 [J]. 福建论坛：人文社会科学版，2014（1）：56-63.

用数字说创投

李　享

（深圳市创东方投资有限公司）

摘　要　在持续一年的资本寒冬中，即使最迟钝的人也感受到了创投的寒冷。在过去一年中，数以万计的创业公司以及人数更为广泛的创业公司员工，被迫体验了一段以“死掉”和裁员为主题的生活。创业者潮起潮落的经历、他们的思考和痛苦，都将在接下来的时间里被反复提起。资本自有周期，市场总会回暖，但我们需要的是在经历这些之后，思考创投如何更理性、更好地健康地发展。冬天过去，春天还会远吗？本文通过透视创投行业的现状和问题，用“一二三，三二一”方式，在投资逻辑、策略、方向等方面用数字直观说明创投情况。

关键词　数字　创投　策略

1.创投的发展现状

早在2014年年底，经过一轮创投大热以后，部分投资人看到了一些征兆，一些大的创投机构开始收手，这是市场泡沫的一个先兆。但2015年年中之前的互联网，俨然是另一个次元。来自私募和创投行业的投资额，仅2015年上半年就和2014年全年持平，其中一半以上投入到了TMT行业，创2012年以来的新高。2015年融资案例总数达到3 932个，而5年前这个数字只有302个。在这些融资案例中，大部分资金投向了电商、O2O、企业服务、P2P等领域。现在回过头来看，当时这些领域似乎非常容易出现独角兽，是寒潮风暴席卷最为猛烈的地方。如今在百度中搜索，“裁员”的新闻有263 000篇，整整38页，其中30页是发生在2016年的。理性来看，从2015年下半年开始，一般是先砍补贴、市场费用；接下来，边缘业务和边缘部门能精简的都精简了；最后，就是裁员。裁员已是应对寒冬的最后一招。不幸的是，创业者还在盲目地冲量、扩张，直到准备新的融资，才发现后面没有人接棒了。除了极速裁员外别无选择，有的企业连裁员补偿金也发不出来，只能轰然倒闭。

2.创投行业面临的问题

2.1 资金投入不足，科技成果转化率低

在西方发达国家，科技进步对经济增长的贡献率为60%~80%，而我国只有20%~30%。同样，我国每年产生大约2万项科技成果，转化率不足20%，远远低于发达国家60%~80%的水平。科技成果转化率偏低，其中一个重要原因是资金投入不足，而资金投入不足的一个重要原因就是产业投资基金体系不完善。

2.2 政府的行政导向明显

由于我国目前大部分产业投资基金都和各级政府财政有着密切的联系，政府对产业投资基金的主导作用非常明显，这也使我国产业投资基金具有鲜明的地方特色和行业特征。同时，产业政策对创业的扶持力度不够，很多扶持性政策的资源被国有企业占用；在创业孵化器培育方面，90%的孵化器是政府投资的；在运作机制上，一些科技孵化器由于受事业单位管理模式的影响，尚未建立起现代科技孵化机构的市场运行机制，创业者无法有效对接资源。

2.3 专业化程度偏低

20年前美国的投资市场就比较成熟了，不管是一级市场还是二级市场，都依托于比较专业的机构，但在我国，更普遍的情况是一些不专业的机构和个人在投资。股权投资确实机会很多，但是风险也很大，过去两三年在中国进行股权投资的人越来越多，投资也越来越不理性了。股权投资需要极强的专业性，投资者要有对行业的理解、对企业的理解、对未来发展趋势的理解，不是简单跟风就行。正是这样的状况导致了中国在互联网投资方面产生了巨大的泡沫，这个泡沫的破灭也是导致资本寒冬的一个根本原因。另外，我国的产业投资基金也普遍缺乏优秀的管理团队和健全的制度安排，产业投资基金的投资范围有时甚至与扶持高科技产业的初衷背道而驰，同时缺乏长远的发展战略，难以形成独具特色的核心竞争力。

2.4 资本市场支持创业创新功能不够完善

在场内市场，主板和创业板上市条件不够灵活，发行审核标准更多是针对传统产业的，对新兴产业支持不够。很多处于发展关键阶段的创新企业往往因为尚未实现盈利或者业绩一时波动无法通过发行审核。在场外市场，新三板及区域性股权市场融资功能不够完善，向高层次资本市场转板的机制还不健全，初创期和成长期的科技创新创业企业通过资本市场融资还存在一定困难。另外，资本市场

融资工具还难以满足创新型小微企业多样化的融资需求。更重要的是退出渠道不畅，退出机制不畅，影响了创业投资资本的良性循环。投资的核心就是投完钱能收回来，能赚钱。目前我们看到的多是强调估值，还没有去关注投资退出能赚多少。因为估值泡沫的推动，我们今天投资和创业将面临新的挑战。

3.创投投资要诀

3.1　投资逻辑

深圳市创东方投资有限公司（以下简称“创东方”）总结的投资逻辑主要是“四面十方看项目，看了十方就有数。看好一个领头人，和善诚信有激情。看寻两型项目层，零到一和一到N。看清三个模式标，业务盈利加营销。看找四个优势面，专渠品规都要见”。

“四面十方”的标准是：第一面，看准一个团队；第二面，发掘两个优势，寻找优势行业中的优势企业；第三面，弄清三个模式，即业务模式、盈利模式和营销模式；第四面，关注四个指标：销售收入、净利润、销售净利率、利润增长率。

业务盈利加营销，即业务模式、盈利模式、营销模式。

专渠品规都要见，即专利优势、渠道优势、规模优势、品牌优势。

此外，还有两句：互金科娱是领地，即互联网金融、高科技娱乐；生物医械是方向，即生物工程、医疗器械。这两句见下文。

3.2　投资策略

投资策略主要是“一大三小讲协同，集群投资真管用。一大协同产学研，技术项目人才添。一小协同技术面，互补技术同发展。二小协同上下游，互为客户共优秀。三小协同用户群，互享用户齐长成”。

一大协同主要是做好产业链研究，深入挖掘投资机会，在人才储备、项目储备等方面把工作做扎实，在宏观层面上把握投资大的趋势，在有发展前景的行业中寻找优质企业和标的。创业企业要有核心技术或专利，有独特的优势，能够结合产业链上下游，整合资源、共享资源，把用户群体做大、做实，做好用户数量转化，带动公司收入增长，形成规模效应、集群效应、盈利效应。

3.3　我们看好的投资方向

我们看好的投资方向也可以用数字说清楚：“三大一新讲领域，聚投先进生产力。一大是说大IT，互金科娱是领地。二大是说大健康，生物医械是方向。三大是说大消费，文体旅游加创意。一新是说新制造，材料智能技术高。”

大IT是指TMT行业，它正在发挥对经济增长和结构转型的关键作用，包括信息基础设施建设和升级、产业互联网、新兴的信息消费（如移动健康）、智能硬件等，带动了通信、软件、传媒以及电子等行业企业的业绩增长。在金融科技和与之伴随的金融创新迅猛发展的今天，监管理念和监管手段也在发生变革，但金融监管的核心目标始终不变，即维护金融系统稳定、保障消费者权益、维持金融市场运作秩序。相关的监管机构也逐步放宽政策，允许传统金融机构以投贷联动等方式投资于科技创新企业，未来中国或许会出现传统金融机构联手专业金融科技风险投资机构，共同以资本手段推进金融科技创新的投资模式，金融科技是我们看好的重要投资方向。

大健康会在未来10年成为继互联网之后投资最热的行业之一，由此可能诞生数十家千亿市值的公司，以基因工程为代表的精准医疗、生物医械以及互联网医疗和互联网医药都将是未来大健康产业的投资机会。正如保罗·皮尔泽所说的那样，大健康产业正以不可阻挡的势头加速发展，很快将替代IT行业成为推动世界经济发展的新引擎。中国的医疗器械跟欧美国家相比还是很落后的，中国医药和医疗器械的消费比例是1：0.2，远低于欧美1：1的水平，大部分心脑血管介入治疗所使用的设备还是依赖进口，这也意味着中国的医疗器械行业还有很长的路要走，还有很大的发展空间，而医疗器械也是大健康产业的切入点之一。随着“健康中国”上升为国家战略，总理喊话全民共筑健康梦，百姓齐盼健康好生活，健康消费需求已点燃。

在大消费领域中，家电、服装、汽车、食品、饮料等进入调整和平稳发展时期，产业结构开始进行深度调整，产品优化和升级特征明显。很多创新型优秀龙头企业将受益于产业整合带来的机遇，获得更大的市场份额，业绩将明显提升。旅游、体育和电影行业将继续高速增长，在耐用消费品之后，消费将转向服务和娱乐领域。与此同时，“90后”已经进入职场，有了自由支配的收入，追求快乐是他们的首要目标。餐饮、旅游、影视、体育等娱乐服务将是消费重点。

新制造领域有别于传统制造领域。新制造以智能制造为代表，源于人工智能的研究，包含智能制造技术和智能制造系统。智能制造是通过一种由智能机器和人类专家共同组成的人机一体化智能系统，在制造过程中进行智能活动，如分析、推理、判断、构思和决策等，通过人与智能机器的合作，去扩大、延伸和部分取代人类专家在制造过程中的脑力劳动。它把制造自动化的概念更新了，扩展到柔性化、智能化和高度集成化。在《中国制造2025》中，“智能制造”是个重要的关键词。《中国制造2025》明确了智能制造是建设制造强国的主攻方向，运用智能制造增益中国经济发展，打造经济发展新引擎，形成经济发展新动力，是中国传统制造业转型升级的新方向、新趋势。

4.总　结

通过数字化理解创业投资，有利于我们更深入地把握投资本质，创业投资也是一种商业行为，其核心是创造投资收益，回归本源。只有这样，我们才能做得更好、走得更远。

参考文献

刘艳婷．我国创业投资引导基金运行机制存在的问题及措施［J］．经济论坛，2013（10）：60-62.

绿色金融体系构建与业务创新

梁　刚[1, 2]

（1.中国社会科学院工业经济研究所；2.包商银行博士后科研工作站）

摘　要　随着金融业的发展，学者们逐渐将环境发展与金融发展紧密联系起来，绿色金融应运而生。本文主要从绿色金融的体系构建以及业务创新两个视角出发，基于现实需要，探讨了发展绿色金融的措施，并提出了相关的建议。

关键词　绿色金融　体系构建　业务创新　建议

绿色金融是促进社会、经济、环境协调发展的有效手段。我国在经济发展中面临着日益严重的环境污染和能源消耗问题，绿色金融可以从金融角度对改善环境起到重要作用。

在国际上，金融专家越来越关注绿色金融。保尔森基金会主席亨利·保尔森说，二十国集团（G20）有机会为发达国家和发展中国家创造切实可行的绿色融资模型。在制定政策、监管措施、激励机制和确保执行上，政府都发挥着重要的作用。全球资本市场力量强大，如引导得当，不但可以减轻政府负担，还有助于世界各国走向可持续经济增长的未来。

再来看国内，作为2016年G20主席国，中国将绿色金融定为G20重点议题之一。中国人民银行行长周小川在会上表示，全球面临着严峻的环境挑战，各国已尝试了许多方法，包括推行环境法规、资源定价改革与财税政策，这些措施在控制污染、减缓气候变暖方面起到了积极作用，但当前绿色投资占总体投资的比重依然很小，各国需提升绿色投资在金融体系中的作用。建立绿色金融体系已成为中国“十三五”规划中的一项内容。据估计，中国未来5年需要在绿色产业每年投入6 000亿美元。周小川行长认为，全球正就绿色经济可持续发展凝聚更多共识，如果绿色金融得到有效实施，将惠及全球大多数人口，加强全球经济可持续性。环境保护部发布了大气污染防治、水污染防治以及土壤污染防治三大行动计划，其实施总投资需求较大，政府财政资金供给能力有限，尤其是在当前大力推进政府和社会资本合作模式（PPP）、环境污染第三方治理的情况下，发展绿色金融能够有效带动民间资本投入，缓解环境公共产品和服务供给不足的问题。

不论国内还是国外，作为金融领域的新兴学科，绿色金融的研究前景越来越广阔。

1.绿色金融体系构建

构建绿色金融体系需要做好整体战略规划，以制定绿色金融政策、设立绿色金融机构为重点方向，统筹协调“一行三会”、发改部门、财税部门、环保部门、金融机构等多方力量，推动跨部门合作，促进绿色金融自主、有序、规范发展，实现环境保护需求与金融资本供给的有效融合。

1.1 制定绿色金融政策

确立各种金融创新的法律地位，推动绿色信贷、绿色证券、环境污染责任保险等立法进程。制定优惠政策，鼓励银行、保险公司和基金公司等金融机构重视自身的环境责任，金融机构的决策层要在战略上重视绿色金融业务。完善绿色金融政策环境，对银行制定差别化的监管和激励政策，探索在绿色金融项目贷款额度内适当采取减免存款准备金、减免税收等措施，对于符合条件的项目，适当采取宽松的呆坏账核销政策。给予绿色金融财政税收支持，降低商业银行办理绿色金融业务的相关税率。研究制定绿色金融实施指南等，建立健全环境会计制度，出台绿色金融项目认证规则，统一绿色信贷单列统计、分类考核的统计标准，建立具体、细致、统一的符合中国开展绿色金融现实情况的交易规则。

1.2 设立绿色金融机构

坚持政府主导、股权多元、市场运作原则，探索建立绿色银行、绿色证券交易所、环境保险公司、环境信托公司等专业的绿色金融机构，推进绿色金融业务有序拓展。可先从设立绿色银行取得突破，再带动其他绿色金融机构的建设。按照先易后难、试点先行的原则，鼓励商业银行成立绿色事业部或设立环境支行，加大对环境保护项目的信贷支持力度。在此基础上，开展设立地方环境银行试点，积累经验，树立典范，积极协调金融管理部门，探索建立国家级绿色银行。建议中国人民银行、银监会和环境保护部等不断加强对金融机构执行绿色金融政策情况的监督检查，监督银行建立对融资项目环境和社会风险的审核与管理机制，建立完善的外部监督体系并加强管理，强制上市公司及有条件的非上市公司定期披露环境保护信息。

2.绿色金融业务创新

绿色金融创新发展的效果主要取决于绿色金融产品与服务开发和实施的效果，结合近期的理论研究热点和实践经验，我们对加快绿色金融产品与服务的创新发展提出如下建议：

2.1 绿色银行创新业务

2.1.1 开发绿色信贷产品

采取财政贴息等方式加大扶持力度，鼓励各类金融机构加大绿色信贷的发放力度。结合市场需求，制定贷款额度、贷款利率、贷款期限、贷款审批等方面的优惠政策，开发针对企业、个人和家庭的绿色信贷产品，尤其是在近两年的热点话题PPP领域。根据《国家发展改革委、国家开发银行关于推进开发性金融支持政府和社会资本合作有关工作的通知》，开发银行要加强信贷规模统筹调配，优先保障PPP项目融资需求，在监管政策允许范围内，给予PPP项目差异化信贷政策，对符合条件的项目，贷款期限最长可达30年，贷款利率可适当优惠。因此，绿色银行应尽快开发适应环保领域PPP项目融资特点的信贷产品。

2.1.2 创新绿色资产抵押担保服务

结合国家关于推进政府和社会资本合作模式的有关要求，开展绿色资产抵押担保服务试点，研究落实排污权、收费权、特许经营权、购买服务协议项下权益质押等新型抵押担保方式，为环境保护项目提供银行信贷资金。探索利用污水、垃圾处理等预期收益质押贷款，政府、金融机构、担保公司等设立联合担保基金，对污染治理项目、环保企业发展提供融资担保服务。

2.2 绿色证（债）券创新业务

2.2.1 推进绿色资产证券化

鼓励上市环保企业利用股市融资，在城镇污水处理等环境基础设施领域实施资产证券化，推动具备一定收益能力的经营性环保项目形成市场化融资机制，拓宽企业融资渠道，为企业加大环境污染治理投资力度提供保障。

2.2.2 鼓励发行绿色债券

进一步鼓励国债和地方债用于环境保护基础设施建设，支持金融机构通过发行绿色金融债的方式引导资金投向绿色环保产业。2016年第一季度，在中国发行的绿色债券超过80亿美元，占全球绿色债券发行量的约一半。支持重点领域建设项目采用企业债券、项目收益债券、公司债券、中期票据等方式，通过债券市场筹措投资资金。

2.3 绿色保险创新业务

随着《关于开展环境污染强制责任保险试点工作的指导意见》的贯彻落实，设计可操作性强的环境污染强制责任保险产品，在涉重金属企业、按地方有关规定已被纳入投保范围的企业以及其他高环境风险企业范围内，不断拓展绿色保险的应用范围。

2.4　绿色基金创新业务

采用财政资金引导、社会资本投入为主、市场运作的方式，探索以开发性金融资金为主设立国家和地方环境保护基金，引导社会资本参与到污染防治和环境监管等领域，重点支持环保PPP项目和环境污染第三方治理项目融资。

3.结论与建议

3.1　结　论

绿色金融的发展对于我国这样经济高速增长与环境保护矛盾尖锐的国家具有很强的理论研究和实践应用意义。构建绿色金融体系，需要制定绿色金融政策，设立绿色金融机构；创新绿色金融业务，重点在于开发绿色金融服务产品，如开发绿色信贷产品、创新绿色资产抵押担保服务、推进绿色资产证券化、鼓励发行绿色债券、设计环境污染强制责任保险产品、设立国家和地方环境保护基金等。

3.2　建　议

不断拓展绿色金融业务领域，如绿色资产融资租赁业务、绿色信托投资业务等；加强环境信用体系建设，将企业环境违法风险和信用评级作为金融机构信贷审核的重要内容；环保管理、银行、证券、保险等方面加强协作联动，建立健全绿色金融信息共享机制，不断提高绿色金融对环境保护事业的支持和服务能力。

参考文献

［1］阎庆民．构建以“碳金融”为标志的绿色金融服务体系［J］．中国金融，2010（4）：41-44.

［2］俞岚．绿色金融发展与创新研究［J］．经济问题，2016（1）：78-81.

建筑产业化发展模式创新研究

谢晓鹏

（广西建工集团第一建筑工程有限责任公司）

摘　要　本文从建筑产业化的发展机遇出发，阐述相关概念；结合循环经济理念，创新建筑产业化发展模式；通过对比传统建筑产业化发展模式与循环经济下的建筑产业化发展模式，分析循环经济下的建筑产业化创新模式的合理性及优势，并进一步提出发展这种模式的几点建议。

关键词　建筑产业化　产业链　循环经济　创新

建筑产业化发展模式创新主要有两种方式：一是进一步提升建造技术；二是依靠管理模式创新，即从设计、制造、物流、安装到使用等环节入手，为客户和自身寻找创新价值。从欧美各国建筑产业化发展模式创新之路可以看出，通过上述两种方式，建筑产业化转型均获得了成功。具体而言，主要路径包括：设计标准化、工厂化和机械化；构件、部品生产工厂化，集约节能；现场施工机械化，减少人工成本支出，提高施工质量；信息化管理等。与此同时，构建基于循环经济的建筑产业化发展模式无疑为建筑产业化转型之路提供了新的思维和发展样本，契合当前产业结构调整布局，具有广阔的前景和市场潜力。

1.发展建筑产业化的机遇

结构调整已成为建筑产业化发展的必然趋势，而发展建筑产业化可以从整体上促进建筑业结构调整和技术水平的全面提升。我国城乡人均住宅建筑面积仅有34平方米，与发达国家相比仍有较大的差距。目前中国建筑业仍属于劳动密集型、粗放型发展方式，科技创新对于建筑业的贡献率仅为31.4%，而集约型发展方式要求不低于50%。劳动密集型发展方式仍然脱离不了大量人力成本以及巨大的能源消耗，高能耗、高排放的生产方式给生态环境造成了严重的危害，倒逼我国建筑业转型为可持续发展模式。当前，政府也在积极引导建筑企业转向绿色低碳，提倡资源优化配置，提高产业生产效率和科技创新能力，以推动建筑业的根本变革。目前，实施建筑产业化的趋势不可逆转，整个行业要抓住机会，充分发挥区域特色，稳健制定发展战略，积极参与到建筑产业化的发展中去。

2.建筑产业化的概念

所谓建筑产业化，是指采用现代化的管理模式，以社会化大生产为目标，以科技创新为引导，通过标准化设计、工厂化生产、装配式施工、建筑物产品销售和信息管理等手段来建造和管理建筑产品的组织形式和管理模式。具体来说，就是以市场需求为导向，以建材、轻工等行业为依托，以工厂化生产各种建筑构配件、成品、半成品，施工采用装配式，以科技创新为抓手，努力把建筑产业链中的设计、建筑材料生产、现场施工、销售和售后服务等各个环节形成统一的产业整体，像“造汽车一样造房子”，形成产供销一体化的发展格局。

3.建筑产业化的发展模式创新

3.1 基于循环经济理念的建筑产业化模式

传统的建筑产业链是直线型的（如图1所示），主要包括设计、建筑材料生产、现场施工、建筑物买卖、物业服务、拆除及废弃物回收等环节。其中，处于产业链末端的建筑垃圾处理和废弃物回收仅涉及对建筑物的废旧钢筋和塑料进行买卖，并没有考虑将钢筋、玻璃、建筑材料进行重复利用和循环利用。建筑产品从设计开始就没有对建筑物的节能、节水、节材、节地进行系统规划，对建筑材料的选取也没有考虑进一步回收利用，仅仅是追求经济利益最大化。这就很容易导致遗留的建筑材料以及报废的建筑物不能重新资源化，浪费了资源，危害了环境。

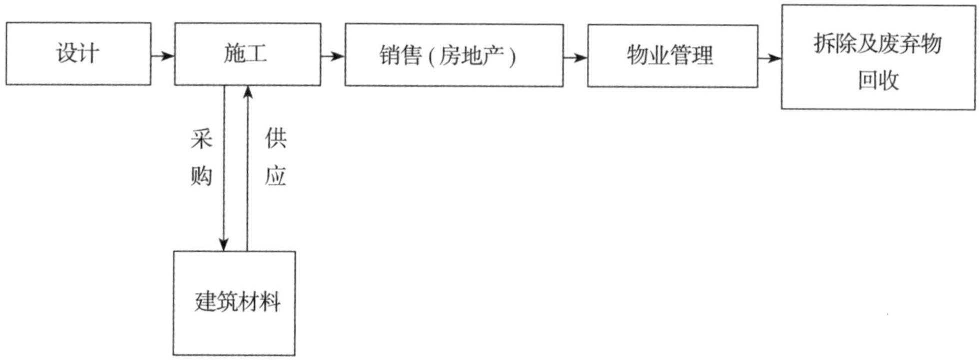

图1 直线型传统建筑产业链

为此，结合循环经济和建筑产业化理念，笔者对上述直线型传统建筑产业链进行了重新思考，构建了基于循环经济核心理念的建筑产业化模式（如图2所示）。根据循环经济非线性的特征，利用标准化设计、工厂化生产、装配式施工、一站式产品销售与装修、物业数据利用、拆除及废弃物回收再利用等，实现建筑产业化闭环模式，让资源发挥最大的效用，并考虑资源再循环、再利用，兼顾生态环境与经济效益的协调发展。

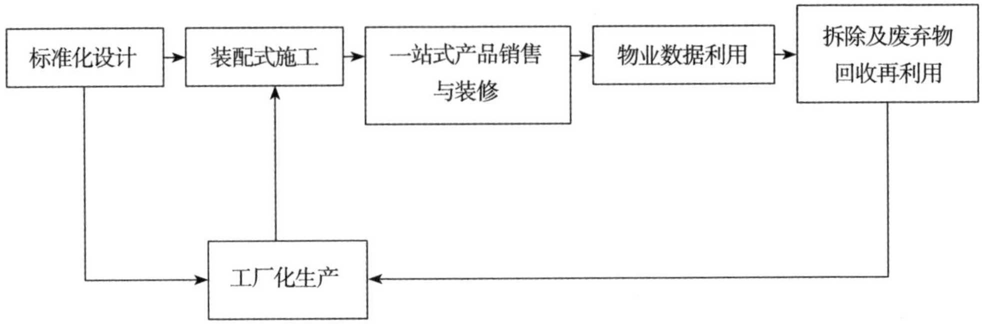

图2　基于循环经济的建筑产业化模式

循环经济下的建筑产业化模式从产业链的前端开始就要考虑对建筑物进行标准化设计，以绿色技术和绿色材料为先导，并考虑后期的资源化再利用。设计完成后，规模生产建筑物的构配件、成品、半成品，施工时采用装配式技术，对于产成品采用一站式销售与装修。后期对物业进行信息化管理，从循环经济角度出发，加强对房屋保险、供水系统的维护，进一步延长建筑物的使用寿命，建筑物拆除及废弃物回收再利用后回归到工厂化生产中，形成一条闭环的、可持续发展的新型建筑产业链，让建筑企业在这条产业链上不断地循环，加强产业链上下游企业之间的相互协作，提升整个建筑业的市场价值。

3.2　直线型与循环经济型的建筑产业化对比

从图1和图2可以看出，直线型传统建筑产业化设计与生产相互分离，而循环经济下的建筑产业化实现了设计、工厂生产、装配式施工一体化。标准化设计成为最关键的环节，从设计开始就考虑构配件标准的制定，考虑建筑装修的一站式服务、全方位的信息管理以及后续废品的再利用。工厂化生产就是按照设计要求，在工厂生产出全部或部分构配件。构配件全部或部分生产出来后，运至现场进行装配式安装。图2比图1多了再利用部分，最终形成了可循环的建筑产业化发展闭合模式。

4.对于发展循环经济建筑产业化模式的几点建议

4.1　加强对产业链末端回收利用的管理

发展循环经济建筑产业化模式，就要积极引导建筑企业转变思想观念，加强对废弃物的分类和对垃圾的回收，让整个产业链形成稳定的循环系统，让建筑资源得到充分的循环利用。另外，在建筑物拆除过程中，要加强对钢筋、玻璃等的资源化再利用管理，确保其资源化后能回归生产过程。

4.2 加快循环经济建筑产业化复杂性的发展

以循环经济理念构建的建筑产业化发展模式与自然界的食物链有诸多相似的地方，两个链上的环节都是彼此相扣的，从前端向后端传递资源。而一种生物在食物链中如果可以获得多种食物，则该食物链系统会相对稳定。在一个生态系统中，资源传递途径的复杂性取决于系统整体的复杂性，系统越复杂多样，系统的调节能力就越强。所以，要加快建筑产业链的横向与纵向延伸，包括在具体节点上尽可能地延伸产业链，努力建立与其他节点的联系，甚至进一步延伸至其他产业链中，使循环经济下的建筑产业化不要局限于建筑产业链上，而是要构建纵横交织的、复杂多样的、自我调节能力强的多行业网络，促进循环经济下的建筑产业化健康、快速发展。

4.3 建立循环经济产业联盟

波特在《竞争优势》中提到发展产业联盟，这是一种长久协作的合作方式，它超越了以往的产品交易。合作的方式主要有技术许可生产、供应协定、营销协定和合资企业等。产业联盟是未来产业发展的大趋势，是全球化的新模式。企业之间可结成产业联盟，从而获得更多的利润、更好的环境、更高的社会效益。

通过整合循环经济下的建筑产业化价值链上下游企业，力争为客户提供最优质的服务，不断降低资源消耗及成本，让产业链上下游企业可获得持续收益，增强企业获取利润的能力。循环经济下的建筑产业联盟整合了产业链中各个建筑企业的科技资源，推进企业协同式发展，从采用单一技术到融通行业技术，加快企业间研究成果的共享与转化，优化、完善产业链中企业间的分工合作，加快推进建筑企业从传统的高耗能生产方式向循环经济模式发展。要充分发挥产业联盟的平台作用，推动建筑业资源可循环化、可再生化，共同促进建筑企业集群式发展。

4.4 尽快制定并完善相关激励政策

笔者认为，制定合理的激励政策是推动循环经济发展的关键力量。新的建筑产业化模式处于起步阶段，缺乏相关的配套技术和人才条件，需要激励政策给予建筑产业化有效的支持，包括制定完善的标准化施工规范，对建筑垃圾的资源再利用给予一定的补贴，对积极发展循环经济的企业减免税等。技术创新是循环经济下的建筑产业化发展的支撑点，建议政府加大对技术研发人员的培养，在政策上引导、鼓励建筑企业发展可循环再利用的建筑技术，鼓励企业采用可再生建筑材料，进一步提高资源利用率，使建筑企业能够获得更大的经济利益。

5.展　望

在未来我国城镇化发展与后工业化进程中，国民经济占比较大的建筑业亟待现代化转型升级。循环经济下的建筑产业化是未来建筑业转型升级的重大战略选择，它能有效促进建筑企业实现“四节一环保”的节能减排目标，进一步促进建筑企业降本增效，提高市场竞争力，实现企业可持续发展。

参考文献

［1］郭海斌．建筑垃圾资源化产业发展的瓶颈与出路［J］．中国国情国力，2015（11）：51-53.

［2］刘福莲．完善法规政策，推动建筑垃圾资源化［N］．中国经济时报，2016-01-04.

［3］刘戈，菅卿珍．基于循环经济的绿色建筑产业链构建及发展研究［J］．生态经济，2014（1）：254-257.

［4］张翼鹏，戴连鹏，范文涛．谈国内外建筑垃圾再利用的发展和现状［J］．科技信息，2010（4）：394-395.

创新创业教育实践探讨

——以广西财经学院为例

卢珍菊

（广西财经学院）

摘　要　创新创业教育作为一种新的教育理念，正逐渐为大家所认识和重视。创新创业教育以提高受教育者的创业意识和创业技能为目标，注重培养与发展受教育者的创业精神和创新精神，培养受教育者创业的初步能力，使受教育者掌握创业基本技能。因此，开展创新创业教育，能提供有力的人才支撑和知识贡献。本文以广西财经学院为例，从组织机构、思想定位、项目优势、创业实践、创新创业指导、工作保障和工作成效等七个方面探讨财经类高校创新创业教育的实践经验，以期为全国财经类高校开展创新创业教育提供实践参考与借鉴。

关键词　创新创业教育　广西财经学院　实践经验　参考与借鉴

2015年，习近平总书记指出创新是社会进步的灵魂，创业是推动经济社会发展、改善民生的重要途径，同时希望广大青年学生在创新创业中展现才华、服务社会。李克强总理向全国发出了“大众创业，万众创新”的号召。因此，积极开展创新创业教育、不断深化创新创业教育改革成为各大高校关注的焦点。

广西财经学院是广西唯一一所财经类本科高校，有着深厚的财经学科、专业底蕴，几十年的财经教育和人才培养使其在财经教育领域享有较高的声誉，它始终坚持以培养学生的创新精神和创业能力为己任，以学生素质和能力的培养来适应社会发展，推动社会发展，最终引领社会发展。

1.组织机构率先成立，配套措施逐渐完善，协调机制逐渐健全

为保证创新创业教育工作有序、有效开展，广西财经学院校领导高度重视，专门成立了以书记和校长为组长、分管教学的副校长为副组长的创新创业教育工作领导小组，领导全校创新创业教育工作。与此同时，率先在广西各高校中成立了由分管教学的副校长担任院长的创新创业学院，完善和出台了《广西财经学院深化创新创业教育改革实施意见》、《广西财经学院创新创业教育综合改革方案》、《广西财经学院创新创业教育项目遴选及管理办法》、《广西财经学院大学生创业项目评审办法》、《广西财经学院大学生创业园管理办法》以及《广西财经学

院大学生创新创业训练计划项目管理办法》等一系列创新创业教育文件，有效推进学校创新创业教育工作的开展。为更好地管理创新创业教育工作，学校特别成立了广西财经学院创新创业教育理事会。理事会由校内外多家单位组成，形成了校内创新创业、就业、招生、教学、学生、团委等部门齐抓共管，校外企业协同创新的有效机制，有效推进了学校创新创业教育工作的开展。

2.贯彻落实“三全”思想，扎实有效推进创新创业教育

思想是行动的指南。广西财经学院始终把提高教育质量作为创新创业教育改革的出发点和落脚点，根据人才培养定位和创新创业教育目标，促进学校专业教育与创新创业教育的有机融合。

2.1 构建财经特色创新创业教育生态链

广西财经学院构建了财经创新创业教育生态链，贯彻落实创新创业教育“三全”思想，将创新创业教育贯穿人才培养全过程，具体体现在：学生在大一学年内，学习创业基础知识，激发创业意识。在大二学年内，接受创新创业实验、实训、实践课程的训练，掌握基本创业技能。在大三学年内，一方面可以在专业限选方向上选择创新创业模块学习；另一方面可以申请参加财经创新创业教育园项目或大学生创业园项目，在老师的指导和带领下，真正参与公司运作，实现与社会企业、相关机构工作的无缝对接。在大四学年内，在前三年学习、锻炼的基础上参加实习、实践，进一步深化和提升创新创业能力。上述教育链有效实现了学生从大一“我想创业”到大四“我能创业”的华丽转变。

2.2 创新创业课程体系逐步建立

为确保创新创业教育取得良好成效，广西财经学院始终坚持将专业基础课程、专业主干课程以及创业基础课程的学习作为创新创业教育的基础着力点，同时加大创业实践课程教学，充分体现理论与实践的结合，完善创新创业课程体系。学校开设了“创业管理学”、“工商企业经营决策模拟”、“促销策划与管理”、“公司理财”以及“商务谈判”等一系列课程，组织学校教师编写了《创业基础》等教材，每学年使用人数达2 000多人。

2.3 探索实践创新创业学分互换

广西财经学院充分重视学生创新创业兴趣、创新创业意愿和创新创业需求，设置了创新创业试验区，制定了创新创业能力人才培养方案，建立了第二张成绩单（创新创业档案），并制定了创新创业休学学籍管理办法。

3.以公司制项目带动，注重实践，全面强化创新能力培养

3.1 创业活动蓬勃开展

广西财经学院打造了财经创新创业教育园项目，由教师注册公司，采用教师+学生+社会企业“三位一体”的公司制形式，遴选财经高端服务业项目进入财经创新创业教育园，教师和学生可以在公司制项目中进行学习和实践锻炼。在项目中，教师的身份为企业股东和创业导师，学生的身份为企业员工，真正实现了校园与社会企业的无缝对接，让教师和学生在实际的企业运作中锻炼创新创业的意识和能力，既培养和锻炼了教师，提高了教师的创新创业教育能力，也培养了学生解决企业实际问题的能力，为未来就业和创业奠定了坚实的基础，实现教师和学生的双培养。经过两次遴选，目前已有32家公司入园，全校同学可根据32家公司的人员遴选要求报名参加项目，可培养创业导师200多名、学生700多名。同时，举办学校创新创业案例分析大赛等各类赛事，逐步构建学校创新创业教育的大环境和创新创业氛围，在学校师生中掀起创新创业教育改革的大潮。

3.2 创新创业教育成绩突出

2012年以来，广西财经学院分别获得国家级大学生创新创业项目立项137项、自治区级大学生创新创业项目立项275项，获得项目支持及配套经费共计700多万元。师生参加各级创业计划大赛成绩喜人，我校先后组织参加了6次全区、全国“挑战杯”大学生创业计划大赛，2次承办全区“挑战杯”大学生创业计划大赛；在首届“互联网+”大学生创新创业大赛中，我校获得全国总决赛铜奖一项，广西赛区金奖两项、银奖两项、铜奖3项。在第四届广西高校大学生创新设计和制作大赛中，我校获得一等奖1项、二等奖2项、三等奖1项。在首届自治区大学生创新创业计划成果展上，我校获得优秀奖1项，互联网+传统农业创业实践项目受到自治区教育厅领导的高度赞赏。我校获得全国“挑战杯”大学生创业计划大赛铜奖2项、全区“挑战杯”大学生创业计划大赛三等奖以上奖项共29项，曾获得全国大学生创业大赛二等奖、联想青年公益创业大赛全国十强、全国大学生ERP沙盘模拟对抗赛一等奖等。

3.3 创新创业教育与实验、实践教学深度融合

广西财经学院不断完善国家级、区级、校级三级实验、实践教学平台，实施教学基础设施建设和高水平教学平台建设，大力推进校内实验教学示范中心和校外大学生实践基地建设，依托“国家级实验教学示范中心”和“自治区级实验教学示范中心”，牵头组建了广西财经类实验课程联盟，打造了一批具有前瞻性、

共享性和开放性的高端实验项目；推进学科与专业实验室一体化建设，积极发挥研究型实验室的特色和优势，主动为人才培养提供服务；积极建设创新创业教育园、大学生创业园、财院产业园，推动国家级大学生实践基地和国外实践基地建设，切实提高学生的创新创业实践能力；全面实施大学生创新创业训练计划，建立了国家级、自治区级、校级和院级项目体系，积极参与“互联网+”大学生创新创业大赛、大学生创新创业大赛、“挑战杯”大学生课外学术科技作品竞赛等；联合行业、企业，举办各类科技创新、创意设计、创业计划等大学生竞赛，积极组织高职高专学生参加全国职业院校技能大赛。

4.抓实践、展成效，创业实践成绩显著

4.1 创业实践蓬勃发展

一是整合校内外各种资源，争取到广西启明基金会、嘉和集团以及成功创业校友、社会名流捐助的大学生自主创业基金100多万元；学校投资100余万元，建成明秀校区和相思湖校区两个“大学生创业园”，园区总面积约3 000平方米，共设有60个创业孵化工作室、2个管理办公室、3个会议室以及2个创业实训室，可同时容纳55个创业团队、300余名创业学生同时办公经营；积极拓宽实践育人新平台，成功打造大学生骨干暑期“实岗挂职”社会实践活动品牌项目，与玉林、贵港、崇左、河池、桂林等市的21个市、县、区共建50余个校外实践教育基地。

二是截至2016年年底，大学生创业孵化基地已经有近40个项目完成公司注册；8个项目孵化成功，脱离孵化基地经营，占入园项目的16%；另有近30个项目仍在园运营，业务发展迅速，均有一定的营业利润，根据各项目财务报表估算，创业团队年均业务销售额已超过50万元。学校利用迎新、校运动会，组织开展“创业集市”共计6场；利用寒暑假社会实践活动品牌项目，开展创新创业进社区活动6场；举办创新创业调研，形成研究报告30余篇。

三是积极引进校外优秀企业，尝试校企共同培育合作型实践基地，与中国青少年发展基金会、广西学子创业投资管理有限公司、早飞教育科技有限公司共建，成立了北部湾伴你飞翔大学生就业创业基地、“创想家”大学生创业服务中心与微软office商务办公创新创业实训基地。

4.2 创业指导有效开展

一是开设创业指导以及实训类课程，举办KAB、SYB等创业课程培训班，并以全国“挑战杯”大学生创业计划大赛为依托，举办了7届大学生创业计划大赛，征集优秀创业项目近千个，建立大学生创新创业项目库，为有创业意愿的学

生选择创业项目提供指导与服务。

二是学校成立“大学生创业创新服务中心”，建立创新创业教育园，开展企业经营管理等各类培训；成立学校创业导师团，长期聘请20名校内外专家和成功人士，定期为开展创业实践的学生提供指导，为他们提供相关咨询服务，确保创业企业健康发展。

三是经过几年的努力，在校内逐步形成了浓厚的自主创业校园文化氛围，学校各部门、各单位逐步形成扶持大学生自主创业的共识，广大学生自主创业的意识和积极性逐年提高，每年参与创业计划大赛的人数以及入园孵化的创业项目均成倍增长，创业专题讲座、创业论坛、创业文化沙龙等一系列活动受到广大学生的广泛关注，大学生创业园逐步成为青年学生课余生活中的一个主要活动场所；学生创业典型受到社会媒体广泛关注，广西电视台、中央电视台等媒体对我校创业典型报道10余次。我校学生创业项目“南宁市第五节拍舞台演艺公司”离园后，企业发展迅速，客户遍布广西20几个市县，营业额已成功进入南宁市同行业20强，是广西第一家拥有自主门户网站、支持网上看服装、提供市区送货上门服务、支持区内物流配送的服装租赁企业，也是广西第一家将庆典礼仪服务和演出服装租赁整合经营的企业。

5.创新创业指导服务真抓实干

多年以来，广西财经学院一直坚持把创新创业教育、培养和提高大学生就业创业能力放在学校各项工作的重要位置，始终坚持“服务大学生创业，支持大学生创业，引导大学生创业，打造本校学生创业平台”理念，逐步建立起一个集教育与技能培训、资金帮扶、项目孵化、导师结对、信息咨询等服务为一体，功能完备、便捷高效、“一站式”的大学生创新创业服务大平台，为广大创新创业学生提供持续帮扶、全程指导和“一站式”服务。

此外，学校依托财务会计、工商管理等专业优势，成立创新创业学院，建立大学生创新创业教育园，组建创业导师团，这些举措为广大自主创业学生提供了项目论证、公司注册、财务管理、法律咨询、专利代理、物业管理等系列服务。

学校依托“学业与人生”讲坛、广财青年创新创业大讲堂、企业调研、创业主题班会、校园各种宣传媒介，大力宣传创新创业政策、学生创新创业典型；以创新创业大讲堂为载体，举办“百名成功创业者进校园”系列报告会；以学生会与学生社团等学生组织为依托，开展大学生创新创业论坛、文化沙龙、研讨会；以科技竞赛为引导，举办“创青春”系列竞赛等各类科技创新竞赛；以与专业相结合的校园文化品牌项目为主导，举办“创新、创业、创造”大学生科技文化艺术节系列活动、莲湖经济论坛、ERP企业经营沙盘模拟对抗赛、证券投资模拟大赛、营销策划大赛、广告策划大赛等10余项活动，普及创业知识与实践，努力培育学校创新创业文化品牌。

6. 结　语

创新创业教育尚在不断摸索与发展中，广西财经学院在上述各个方面的实践取得了丰硕的成果，推动了学校创新创业教育工作的不断发展与深化，其丰富的实践经验为具有相似背景乃至全国各大高校创新创业教育提供了良好的参考与借鉴。

参考文献

[1] 丁俊苗. 以创新创业教育引领高等教育改革与发展——创新创业教育的三个阶段与高校新的历史使命 [J]. 创新与创业教育，2016 (1)：1-6.

[2] 张宝君. "精准供给"视域下高校创新创业教育的现实反思与应对策略 [J]. 高校教育管理，2017 (1)：1-7.

[3] 黄英杰. 中国大学创新创业教育的哲学之思 [J]. 高校教育管理，2016 (1)：74-79，85.

[4] 高文兵. 众创背景下的中国高校创新创业教育 [J]. 中国高教研究，2016 (1)：49-50.

[5] 薛成龙，卢彩晨，李端淼. "十二五"期间高校创新创业教育的回顾与思考——基于《高等教育第三方评估报告》的分析 [J]. 中国高教研究，2016 (2)：20-28，73.

[6] 张旭，郭菊娥，郝凯冰. 高等教育"供给侧"综合改革推动创新创业发展 [J]. 西安交通大学学报：社会科学版，2016 (1)：26-35.

[7] 王占仁. 中国高校创新创业教育的学科化特性与发展取向研究 [J]. 教育研究，2016 (3)：56-63.

[8] 卓泽林，赵中建. 高水平大学创新创业教育生态系统建设及启示 [J]. 教育发展研究，2016 (3)：64-71.

“互联网+”战略背景下科技型企业商业模式创新路径研究

李　颖[1]　方　兴[2]

（1.广西财经学院；2.广西壮族自治区地理信息局）

摘　要　“互联网+”战略的实施带来新的机遇与挑战，市场竞争环境日益激烈，顾客需求趋向多样化和个性化，这要求科技型企业不断改进或创新商业模式以适应当前的环境。本文梳理了商业模式创新及路径选择的相关文献，结合互联网时代的环境特征，以价值理论为出发点，为科技型企业构建了基于顾客价值、内部价值网和外部价值网的商业模式创新路径体系，为科技型企业进行商业模式创新提供有益的建议。

关键词　商业模式　创新路径　科技型企业　“互联网+”战略

1.引　言

互联网的迅猛发展给各行各业带来了新的机遇和挑战，新技术、新模式、新概念不断出现，市场环境瞬息万变，顾客需求日益多样化和个性化，新的需求增长点正在形成。2015年3月，李克强总理在政府工作报告中首次提出“互联网+”战略，从国家层面确立了“互联网+”发展战略是我国经济转型升级的新路径，呼吁各级政府和企业要加快推动移动互联网、云计算、大数据、物联网等新一代信息应用技术和各行各业的结合，创造新业态，实现产业创新、跨界融合，释放出新的经济增长点。在此背景下，我国企业急需根据外部环境变化和行业转型升级要求，探索以创新驱动为主导的企业转型方式，适应动态环境变化并获取竞争优势。

现代管理学之父德鲁克曾预言，企业间的竞争将是商业模式的竞争，成功的商业模式是决定未来企业生存与发展的关键因素，商业模式的创新将成为企业获得竞争优势的主要途径。这一说法得到广大管理学专家的认可，专家们也就此展开了大量的研究。一些学者发现，技术创新对企业的发展具有根本性作用，但商业模式是企业能够立足的先决条件，因而商业模式创新的重要性不亚于技术创新，在某些情况下，商业模式创新更为重要。科技型企业是诞生新技术、新发明、新产品的主力军，肩负着培育新型产业、激活区域经济的重要任务，是国家建立自主创新体系的重要组成部分。然而，技术快速发展和市场变幻莫测所引起的双重不确定性使得科技型企业难以依靠技术创新维持竞争优势。商业模式创新已成为科技型企业适应动态环境、获取竞争优势的重要途径。

“互联网+”战略对科技型企业的发展提出了新要求，结合新一代信息技术，实现商业模式创新，形成和夯实企业竞争优势，已成为科技型企业实施创新驱动战略的关键性问题。

基于此，本文通过梳理国内外商业模式创新及其路径选择研究成果，结合科技型企业商业模式创新分析模型，探索“互联网+”背景下科技型企业商业模式创新路径的理论体系，提出商业模式创新路径建议。

2. 相关文献概述

2.1 商业模式创新文献研究现状

现有的商业模式创新研究涉及两方面内容：一是重构商业模式，即对企业原有的商业模式进行重新设计、改造、重组，这是对现有商业模式的一种改进或颠覆性改变；二是为创业企业设计创新型商业模式，即商业模式设计。无论是商业模式设计还是商业模式重构，都有可能引起商业模式创新。目前，越来越多的学者从价值创造、价值链和价值网络的角度探讨企业商业模式创新。谢德荪认为，商业模式创新的核心是理解顾客的价值主张并为之重新定义企业的价值主张。高闯和关鑫认为，企业商业模式创新可以通过对企业价值链中的单个或多个价值活动进行创新或改变价值活动之间的组合方式来实现。Massa和Tucci认为，商业模式创新是重新组合包括供应商、顾客、商业合作伙伴、广告商等多种类型主体在内的价值网络，通过改变交易内容、结构和方式来重构商业模式，实现价值创造，满足市场需求。斯莱沃斯基等认为，随着互联网和信息技术的发展，激烈的市场竞争使企业将传统的供应链变成价值网络，来满足顾客不断增长的需求。

在“互联网+”时代，为满足顾客多样化的需求、对抗残酷的竞争环境，越来越多的企业利用云计算、大数据、智能移动终端等信息技术和产品，动态整合上下游合作伙伴的资源及能力，围绕顾客价值重构价值网络，创新商业模式，进而获得网络层面的整体竞争优势，以技术创新为主导的科技型企业尤其如此。本文从价值系统的视角来探讨科技型企业的商业模式创新及路径选择。

2.2 商业模式创新路径文献研究现状

国内外学者分别从模块重组、商业逻辑层、价值系统、战略规划、知识管理等方面对商业模式创新路径进行了大量研究。由于价值链理论是企业战略管理中的重要工具，其涵盖了企业整个价值创造过程中所有的价值活动及参与者，随着信息技术在企业管理中的普及，价值链逐渐形成价值网，从而使得基于价值系统的视角能够为企业商业模式创新路径研究提供全面的、明确的理论解释。本文主要梳理基于价值系统视角的商业模式创新路径文献。

基于价值系统视角的研究者强调商业模式在价值创造中的作用，认为商业模式的创新动力源于价值系统的变化。企业通过重新确立自己在价值系统中所处的位置，整合价值系统的构成环节，就能够实现商业模式的创新。Mitchel认为，要实现商业模式创新，企业必须精准识别顾客需求，并为其提供最有价值的产品。Magretta将价值链分成与生产相关和与销售相关的活动，认为新的商业模式可能是给未被满足的消费者需求设计新的产品，或使用一种更好的方式完成原有产品和服务的生产、销售和派送。原磊认为，商业模式的价值架构对商业模式的创新有着重要的影响，企业可以通过对整体价值架构中的价值模块进行不同的组合或者内容的变革来实现创新。王阅等认为，企业商业模式创新的根本是在供应链节点上增加企业的核心竞争力，通过优化重组价值活动以及动态组合供应链中每个环节的资源来实现企业的商业模式创新。

3.科技型企业商业模式创新分析

3.1　科技型企业商业模式创新动因分析

科技型企业是以创新为使命和生存手段的企业，通常有较强的研发能力，能不断根据用户的需求推出技术含量较高的新产品来开拓新的市场。大部分科技型企业是知识型企业，组织结构为扁平型，核心业务是研究开发、营销运作或客户关系管理、技术或产品的集成，有关劳动密集型的业务则予以外包，一旦产品研发成功，企业可以超高速发展。"互联网+"战略的实施将加快云计算、大数据等信息技术的应用，加快经济全球化、信息化的发展。消费者需求信息的获取已成为企业赢得顾客的基础。在这样的背景下，科技型企业面临极大的挑战，需要不断吸纳新的信息技术，创新原有商业模式，保持长久发展的能力。同时，在互联网时代，收集信息比以往更容易，成功的产品、服务和商业模式也更容易被竞争对手模仿，产品、服务、商业模式趋于同质化。随着卖方市场向买方市场转变，创造顾客价值成为企业获利的前提，这使得科技型企业要在创造顾客价值的基础上不断创新商业模式。此外，随着人们物质生活条件的提高，消费者的需求已经转变为更高层次的精神消费需求，他们更注重个性化，这也要求科技型企业不断创新商业模式，适应市场并满足用户。

3.2 科技型企业商业模式创新分析模型

科技型企业商业模式创新的关键在于，在分析其原有商业模式的基础上，结合信息技术、市场动态和企业自身情况来发现新的创新点，科技型企业商业模式创新必须遵循传统商业模式创新的基本规律。科技型企业在进行商业模式创新时，首先要了解企业自身及竞争对手在满足消费者需求方面的差异，其次是根据自身的核心资源选取合适的商业模式创新方式。因而，对科技型企业商业模式创新的分析可以从以下五个方面进行：顾客需求分析、竞争情况分析、内部价值网分析、外部价值网分析、企业发展分析，如图1所示。

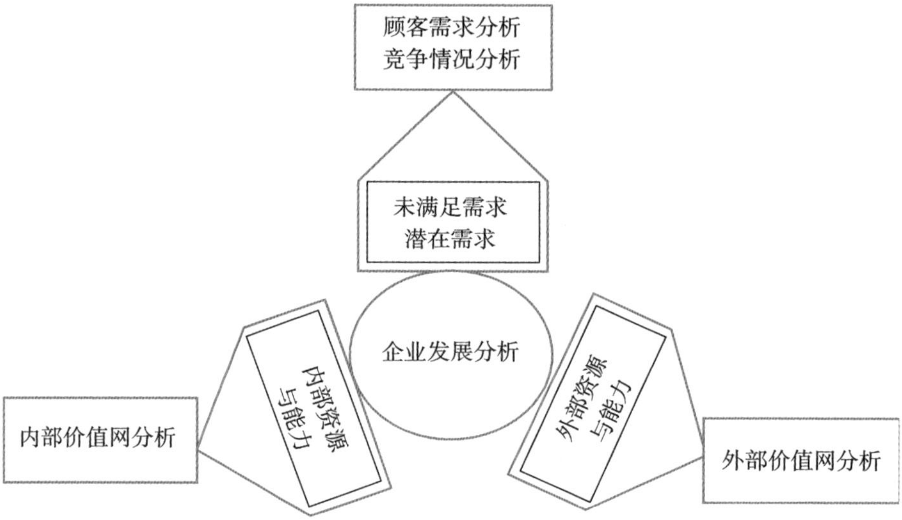

图1 科技型企业商业模式创新分析框架

4.科技型企业商业模式创新路径选择建议

商业模式创新要求企业选择一种有效的路径来实施，而基于何种视角来进行路径选择，决定了企业商业模式创新的实施及创新效果的效率。“互联网+”战略的实施将进一步模糊企业自身与外部环境的边界，科技型企业只有以顾客需求为价值网的聚合点，充分利用上下游合作伙伴和信息化手段，实现资源的优化组合，理解未满足的和潜在的用户需求，提供新产品和服务满足用户的需求，才能使企业和利益相关者获得最大利益，实现商业模式创新。从前面的文献综述可知，科技型企业商业模式创新可从价值系统的视角选取合适的路径，即基于顾客价值的商业模式创新、基于内部价值网的商业模式创新和基于外部价值网的商业模式创新。

4.1 基于顾客价值的商业模式创新

从顾客价值的角度出发，科技型企业商业模式创新可以通过重新定义目标顾客、价值内容和价值传递方式来实现。

4.1.1 重新定义目标顾客

重新定义目标顾客指的是企业超越现有顾客范围，扩大市场边界或关注非顾客，即不同细分市场中有共同需求的顾客。金和莫博涅根据非顾客距离企业现有市场的远近将其分为徘徊型非顾客、拒绝型非顾客和未知型非顾客。科技型企业可以通过信息技术深度挖掘这些非顾客的需求，增加顾客价值来实现商业模式创新。对于徘徊型非顾客，科技型企业应了解其未被满足的需求，创新产品和服务来增强其使用频率。对于拒绝型非顾客，科技型企业要创新产品宣传和销售方式，或通过信息技术降低成本，让他们接受产品。未知型非顾客距离市场最远，科技型企业可通过深度调查理解其需求，根据其需求创新或改进产品和服务，使他们成为目标顾客，最终实现商业模式创新。

4.1.2 重新定义价值内容

随着新一代信息技术的不断普及，目标顾客和顾客需求的本质属性也在不断变化。顾客对传统产品的消费热度不断降低，他们既要获得产品和服务的效用，也要获得一定的精神层面的体验。重新定义价值内容以实现商业模式创新，意味着科技型企业要重构顾客价值元素，塑造新的价值曲线。这里我们利用金和莫博涅的价值内容创新四步骤模型来说明，如图2所示。

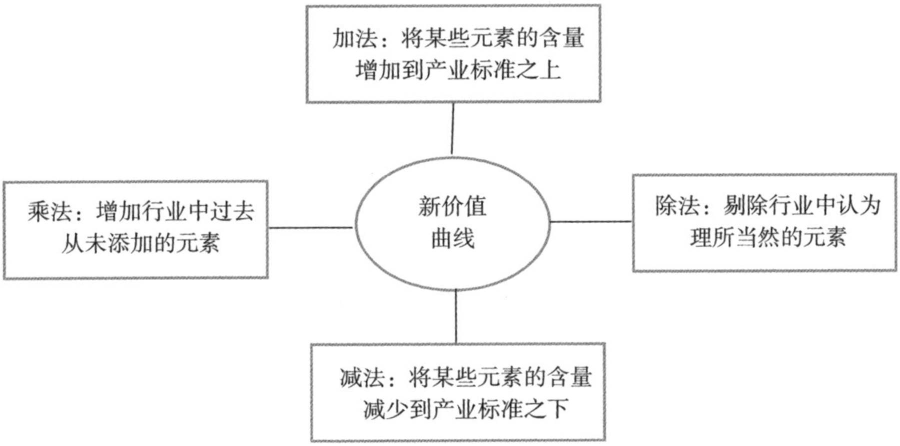

图2 价值内容创新四步骤模型

通过对行业价值元素的加减乘除重构顾客价值，实现商业模式创新及保持企业良性发展。其中，加法和乘法能帮助科技型企业提升顾客价值，创造新的市场需求，形成差异化竞争优势；减法和除法则能降低成本，形成成本竞争优势。

4.1.3 重新定义价值传递方式

菲利普·科特勒指出，顾客会按照自身让渡价值最大化原则做出选择，即顾客会充分考虑获得产品和服务所需的时间、精神、体力、金钱等，以及他们所获得产品的价值、体验价值等，来决定是否购买产品和服务。在向顾客传递价值时，科技型企业可考虑创新定价模式或价值获取方式来实现商业模式创新，如利用互联网传递价值或增加其在线体验价值。

4.2 基于内部价值网的商业模式创新

根据前面的文献梳理可知，企业的内部价值网涵盖了所有关键价值活动，对价值活动的重组或对关键价值活动的创新和变革可实现商业模式的创新。为此，科技型企业要对内部价值网中的价值活动进行分析，将核心价值和具有竞争优势的价值活动作为企业发展的重点，将一般活动或非必要价值活动外包，实现低成本、高效率运营。与此同时，科技型企业要利用互联网技术连接外包企业，构建一个动态、灵活、适应性强的连接机制，将这些价值活动整合在一起，使整个系统流畅、高效运行，为整个商业模式提供源源不断的动力。

4.3 基于外部价值网的商业模式创新

外部价值网即企业内部价值网以外的所有价值活动，科技型企业处于外部价值网的某个节点上，与其他参与者交互合作，为满足顾客需求进行产品和服务的研发、生产及销售。基于外部价值网的商业模式创新可以通过改变外部网络中各参与者在价值创新中的活动来实现。

4.3.1 顾客参与价值创新

在互联网背景下，顾客有着多样化和个性化的动态需求，科技型企业可尝试将顾客转化成为企业价值创新活动的一份子，即将顾客从游离在企业价值创造过程之外纳入到与企业共存的同一个价值创造体系中，从而实现商业模式创新。这样做满足了马斯洛需求层次理论中提到的人人都有受人尊重和自我实现的需求，也使得科技型企业可以在大规模生产的基础上及时满足顾客多样化和个性化的动态需求。科技型企业可利用“众包”方式让顾客参与生产，满足顾客需求并提升企业能力，实现商业模式创新。

4.3.2 供应商参与价值创新

在传统模式下，供应商在外部价值网中的价值贡献形式是按照生产商的要求生产和提供零部件，但是，随着生产周期波动的加大和柔性生产模式的出现，越来越多的供应商参与了产品设计和生产线改进活动，这要求双方能畅通无阻地进行沟通。为此，科技型企业可以通过创新双方的交流和协同合作方式，提升合作效率，降低成本，创新商业模式。

4.3.3 竞争对手参与价值创新

价值创造是利益相关者的合作过程。竞争对手也是利益相关者之一，这在互联网时代尤为明显。根据博弈论的"囚徒困境"模型，许多互相竞争的企业以战略联盟的形式展开合作，以获取在研发、生产和营销上的规模效益，实现多方共赢和商业模式创新。科技型企业可将各方合作的基点定位于彼此竞争的空白区域，分析各方在这一领域的能力和需求、优势和劣势，建立联系并进行优劣势互补，满足这一领域的顾客需求，从而实现商业模式创新。

5.结 论

本文梳理了商业模式创新及路径的文献，根据"互联网+"战略背景下企业竞争环境的变化，认为从价值理论出发创新商业模式更适合现阶段的科技型企业。科技型企业可以结合信息技术，根据自身的发展情况，选择基于顾客价值、内部价值网和外部价值网的某一路径来实现商业模式创新。作者以后将进一步展开案例研究，验证科技型企业采用基于价值理论的商业模式创新路径的有效性，完善这一理论体系，最终为科技型企业建立一套商业模式创新、创新路径选择以及路径选择的有效性评价的科学理论框架和研究体系。

参考文献

[1] CHESBROUGH. Business model innovation: opportunities and barriers [J]. Long Range Planning, 2010, 43 (2/3): 354-363.

[2] MAGRETTA. Why business models matter [J]. Harvard Business Review, 2002, 80 (5): 3-8.

[3] MASSA, TUCCI. Business model innovation [M] //DODGSON, GANN, PHILLIPS. The Oxford Handbook of Innovation Management. Oxford: Oxford University Press, 2013.

[4] TEECE. Business models, business strategy and innovation [J]. Long Range Planning, 2010, 43 (2/3): 172-194.

[5] ZOTT, AMIT. Business model design and the performance of entrepreneurial firms [J]. Organization Science, 2007, 18 (2): 181-199.

[6] 高闯，关鑫.企业商业模式创新的实现方式与演进机理——一种基于价值链创新的理论解释 [J]. 中国工业经济，2006 (11): 83-90.

[7] 郭国庆.市场营销学通论 [M]. 北京：中国人民大学出版社，2007.

[8] 刘建刚，钱玺娇. "互联网+"战略下企业技术创新与商业模式创新协同发展路经研究——以小米科技有限责任公司为案例 [J]. 科技进步与对策.2016, 33 (1): 88-94.

[9] 斯莱沃斯基，莫里森，艾伯茨，等.发现利润区 [M]. 凌晓东，刘文军，张春子，等，译.北京：中信出版社，2003.

[10] 金，莫博涅.蓝海战略 [M]. 吉宓，译.北京：商务印书馆，2005.

[11] 王雪冬，董大海.商业模式创新概念研究述评与展望 [J]. 外国经济与管理，2013，35 (11)：29-36.

[12] 王阅，谷丽丽，陈刚.基于供应链管理的商业模式创新研究 [J]. 现代管理科学，2009 (1)：47-51.

[13] 谢德荪.源创新：转型期的中国企业创新之道 [M]. 北京：五洲传播出版社，2012.

[14] 原磊.商业模式体系重构 [J]. 中国工业经济，2007 (6)：70-79.

互联网思维下的创新商业模式

覃月明　严久欣　宣芳敏

（广东海洋大学寸金学院会计系）

摘　要　商业模式是企业赖以生存、创造收益的模式。随着各种创新技术的不断涌现，企业经营者的思考方式逐步转向互联网思维，企业经营的商业模式也发生了颠覆性的改变，让人耳目一新的创新商业模式不断出现。本文介绍了两种典型的互联网思维下的创新商业模式——“免费”商业模式和“硬件带动内容消费”商业模式，并对科技创业与互联网思维下的创新商业模式的关系做了讨论，互联网思维下的创新商业模式是科技创业型企业创业成功的重要保证。

关键词　互联网思维　创新商业模式　科技创业

1.引　言

互联网的普及使消费者的消费心理、消费需求、消费习惯等逐渐发生了变化，在互联网环境下，各行业、各领域的企业经营模式都面临着新挑战。互联网思维是在大数据、云计算、移动互联网迅速发展的科技环境下，以用户为核心，对企业的市场定位、产品定性，企业价值链，乃至整个商业生态进行审视并重新定位的经营思考方式。技术的创新改变了企业经营的科技环境，当企业经营者的思考方式由传统模式转向互联网思维时，企业经营的商业模式也随之发生了颠覆性改变。商业模式是企业赖以生存、能够为企业带来收益的模式，即企业做生意的方法。它确定企业在价值链中的相对位置，并指导其如何赚钱。当今企业之间的竞争不是产品之间的竞争，而是商业模式之间的竞争。商业模式创新是指企业在特定的经济、科技、市场环境中，根据独到的客户定位、价值主张，利用自身的核心优势和网络资源等，创造价值并获取持续竞争优势的经营模式的创新。

国内外学者对商业模式创新的本质、动力、途径、实施，以及阻力等进行了研究，取得了具有较高认可度的成果。Tucker（2001）认为，商业模式创新是站在顾客的角度，通过发挥各种想象力来让事情变得更加完美的过程。商业模式创新的动力主要有技术发展需要（Timmers，1998;罗珉，2005）、商业环境变化（Sosna，2010）、市场机会拉动（Reeves，2009）、竞争压力加大（Venkatraman & Henderson，2008）等。商业模式创新途径主要有两种：一是在传统商业模式基础上进行变革创新；二是完全颠覆传统商业模式的创新。互联网思维下的商业模式创新是指企业把新颖的商业创意与经营结合起来，在深入剖析用户需求的基础上，创造出一种能满足用户需求、给用户和企业创造价值的商业模式。在本文中，互联网思维下的创新商业模式指的是颠覆传统模式的新型商业模式。

2.互联网思维下的创新商业模式

在经济生活中，常见的传统商业模式主要有四种：一是店铺模式，是指通过在潜在消费者聚集的地方开设有形商店，向顾客销售商品，实现收入的模式。这是最古老、最基本的商业模式。二是捆绑销售模式，就是把基本品与相关品捆绑起来，通过基本品的销售实现相关品的销售，比如在销售剃须刀的同时销售刀片。三是直销模式，其主要特点是在接到订单后再生产产品，去掉了中间商，直接面对客户，如戴尔模式。四是线下+线上模式，在互联网普及后，传统企业的产品销售受到电商的冲击，许多传统企业建立了自己的网上销售平台，实行线下+线上的销售模式，以应对电商的冲击，如苏宁电器、国美电器等企业的做法。该模式虽然开展了线上销售，但经营思维和商业模式的本质没有变化，还是传统的销售模式，只不过销售地点从线下搬到了线上。

因此，并非所有利用互联网进行经营活动的模式都是互联网思维下的商业模式。本文主要介绍“免费”商业模式和“硬件带动内容消费”商业模式。这两种是最典型的互联网思维下的创新商业模式，影响广泛。

2.1 “免费”商业模式

在该模式下，企业的盈利主要是通过“免费”实现的。从传统的买卖角度来看，免费和利润是矛盾的，免费就意味着没有收入，何来利润。“免费”商业模式的盈利是通过“免费”业务聚集大量用户，不断挖掘用户其他方面的消费需求和潜力，进而最大限度满足用户的需求，实现盈利。采用该商业模式的企业，其主营业务并非免费业务，而是免费业务外的业务。“Google模式”是典型的“免费”商业模式。众所周知，Google的搜索服务是免费的，那么Google公司的盈利是从何而来的呢？从Google公司的财务报表可知，该公司的利润主要来源于广告收入，广告收入占其总收入的比重一直保持在95%左右。Google公司通过免费的搜索服务积累了大量的潜在用户，它通过向用户推送广告，取得广告宣传企业的广告费，进而实现盈利。百度也采用搜索服务免费、广告服务收费的商业模式。此外，Google公司把安卓系统免费提供给手机生产商使用，它是怎么通过安卓系统这项无形资产获得盈利的呢？用户未使用安卓手机前，Google公司若想向用户推送附近的餐厅广告，只能通过用户的电脑IP定位用户所在的城市，但是无法获知更详细的地址，所推送的餐厅广告也许因为地点距离用户太远而降低了用户去消费的可能性。但当用户使用安卓手机，用Google账号在手机上登录时，通过在手机内设置Google地图，就能准确定位该用户的位置（比如用户晚上8小时不移动的地方就是其家所在地，周一到周五都准时到的地方就是其工作的地方）。在此基础上，Google公司再给用户推送附近的餐厅广告，用户就餐的可能性就大大增加了，广告效果也提升了，Google公司从广告宣传企业处获得的收入就更多了。安卓系统免费提供给手机生产商使用，最终使Google公司通过移动广告获取收入和利润。“Google模式”示意图如图1所示。

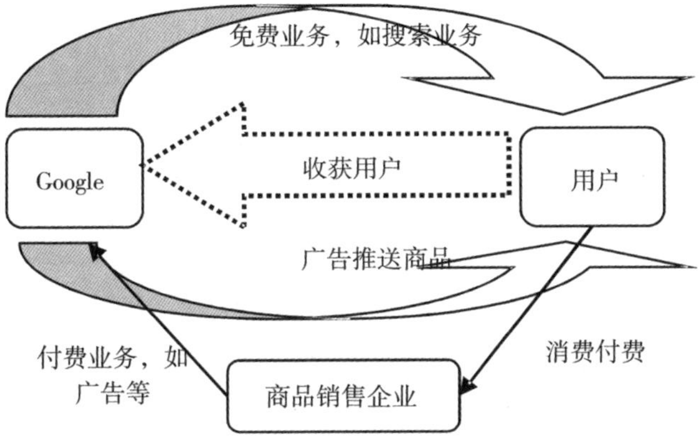

图1　“Google模式”示意图

2.2　“硬件带动内容消费”商业模式

这是一种通过硬件销售带动内容消费的模式。企业把有形商品销售给用户，借助互联网、大数据、云计算等技术手段，开发用户的内容消费需求，从用户的内容消费中获取收益。“苹果手机模式”是典型的“硬件带动内容消费”商业模式。传统的手机销售模式是：新推出一种机型，销售给消费者，一次销售就结束了，下次销售要等到另一种新机型推出，再卖给消费者，才能再次获取收益。苹果公司推出的iPhone手机颠覆了外界对其设备提供商的定位，它变成了集设备提供商、平台提供商和重要服务提供商于一身的“三合一”体。苹果公司除了销售iPhone手机硬件外，还建立了APP Store，并推动第三方开发者在APP Store上向用户提供应用程序。第三方开发者不需要负担任何管理、上架费用。当用户付费下载第三方开发者开发的应用程序时，苹果公司从第三方开发者获得的收入中抽取30%；用户不付费使用应用程序，苹果公司也不向第三方开发者收取任何费用。这种模式充分调动了第三方开发者的积极性，并极大丰富了APP Store中的应用程序，最大限度地满足了iPhone手机用户对应用程序的需求，也对其硬件销售起到促进作用。这种模式不仅能应用在手机上，日常生活所需品都可以看作未联网的iPhone手机，只要把它们与互联网关联起来，都能实现内容消费的二次销售。例如，在冰箱的侧面装上连接网络的小型摄像头，当冰箱里出现排骨时，网络平台就会自动向该用户推送各种排骨菜谱。又如，把洗衣机关联到互联网，通过数据分析可得知该用户习惯用的洗衣用品品牌、穿什么品牌的衣服等，系统就可自动向用户推送相关品牌的促销活动等。企业除了实现硬件销售外，还可利用硬件条件实现内容推荐，以获取抽成或收取广告费。“硬件带动内容消费”商业模式示意图如图2所示。

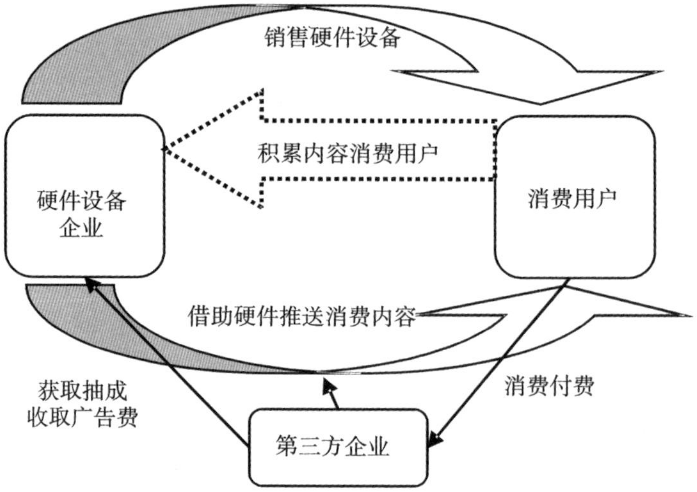

图2 “硬件带动内容消费”商业模式示意图

2.3 科技创业与创新商业模式的关系

科技创新是科技创业的起点，科技创业者一般都会在技术上有所创新，且掌握了一定的技术。科技创业企业作为新技术的掌握者、新产品的开发者，是推动创新的主要力量。科技创业企业的生存和发展面临着市场和技术双重风险，传统的商业模式难以对其成长起到推动作用，特别是在互联网技术高速发展的环境下，采用传统商业模式创业，失败的可能性比较高。互联网思维下的创新商业模式是科技创业企业把技术转化为生产力、把技术投入转化为经济产出的重要环节，因为科技创业企业所拥有的创新性技术本身并不能带来经济产出，不能创造经济价值。用互联网思维对科技创业企业的价值、客户、市场等进行恰当的定位，设计合理的商业模式，才能将科技创新成果转化为生产力，将研发投资引向市场，创造经济产出。创新商业模式是将新技术、新想法商业化的重要途径。科技创业企业的成功不仅要依靠先进的技术，出色的商业模式也是其经营成功、获得核心竞争力的重要保障。

我国科技创业企业所处的经济、技术环境无时无刻不在发生变化，科技创业企业要长时间维持其竞争优势是十分困难的。在互联网思维下，要充分发挥技术创新和商业模式创新的协同作用，以技术创新催生商业模式创新，用创新商业模式促进从技术到经济价值的转化。

3. 结 语

创新商业模式给整个行业的逻辑和传统的做事方式带来巨大的改变，它可以增强企业的竞争力，甚至成为企业的核心竞争力。科技创业企业大多始于科技创新，传统的商业模式难以满足其经营需求，只有在动态发展过程中，不断创新商业模式，才能保证科技创业企业的成功，并在商业模式创新的基础上构建其核心竞争力。

参考文献

[1] LINDGADT, REEVES, STALK, et al. Business model innovation—when the game gets tough change the game [J]. The Boston Consulting Group, 2009 (9): 1-8.

[2] RAPPA. The utility business model sand the future of computing services [J]. IBM Systems Journal, 2004, 43 (1) : 32-42.

[3] TUCKER. Strategy innovation takes imagination [J]. The Journal of Business Strategy, 2001, 22 (3): 23-27.

[4] TIMMERS. Business models for electronic markets [J]. Electronic Markets, 1998 (8): 3-8.

[5] VENKATRAMAN, HENDERSON. Four vectors of business model innovation: value capture in a Network Era [M]. Berlin: Springer, 2008.

[6] SOSNA, NELLY. Business model innovation through trial - and - error learning—The naturhouse case [J]. Long Range Planning, 2010 (43): 383-407.

[7] 德鲁克. 德鲁克日志 [M]. 蒋旭峰，王珊珊.译.上海：上海译文出版社，2006.

[8] 傅世昌，王惠芬.商业模式定义与概念本质的理论体系与研究趋势 [J]. 中国科技论坛，2011 (2)：70-76.

[9] 罗珉，曾涛，周思伟.企业商业模式创新——基于租金理论的解 [J]. 中国工业经济，2005 (7)：23-28.

[10] 王永生.大数据时代的商业模式创新研究 [J]. 南京财经大学学报，2013 (6)：17-51.

机制创新视角下营造中小微企业融资公平环境研究

李瑞红

（广西财经学院）

摘　要　困扰企业运行的一大难题就是资本，尤其是对中小微企业来说。随着新兴融资方式的兴起，企业融资形式越来越灵活，方式和手段也越来越多样化了，然而，不同企业获得公平融资的机会是不一样的，中小微企业在融资时往往处于弱势地位。本文尝试从机制构建的角度分析中小微企业在融资中遇到的问题，从机制创新的角度为中小微企业融资营造公平的竞争环境，并提出有针对性的对策建议。

关键词　中小微企业　机制融资

1.引　言

李克强总理在2016年“双创”活动周的“中外创客领袖座谈会”上提到，当今社会的发展已经难以依靠某一领域、某一产业的发展来维持。中小微企业的多样性能够丰富产业或领域的多样性，但是，中小微企业往往受到资金的掣肘，因此在不断开发金融机构融资产品的同时，更应该把注意力放在中小微企业融资环境公平性的营造上。

2.中小微企业融资中出现的问题

2.1　中小微企业融资渠道相对单一

中小微企业相对于大型企业来说融资渠道单一。中国有2 100万家企业，小微企业有1 500多万家，中型企业大概在500万家，大型企业不超过40万家。由于我国资本市场不发达，2015年年末，上市企业从A股到新三板，加在一块不到8 000家。中小微企业从证券市场拿到资金的可能性很小，从债券市场拿到资金的可能性也很小，因为最小规模的发债要求是企业净资产达到1 000万元。由于中小微企业自身发展规模有限，缺少上市、债券等融资渠道，中小微企业的融资方式以银行贷款和民间借贷为主。在不同的国家，中小微企业从银行贷款的比率是不同的，中国是最低的，是13.9%；俄罗斯是14%；墨西哥是26.8%；土耳其最高，是50.5%。也就是说，我国只有不到1/5的中小微企业能从银行得到贷款。我国中小微企业大部分的资金是自有资金，或者是东拆西借来的，再就是民间高息贷款。

2.2 银行贷款的门槛效应降低了中小微企业信贷可得性

截至2016年，从银行贷款发放的情况看，企业信贷模式仍以抵押为主。中小微企业缺乏有效的抵押、质押手段，而中小微企业不良贷款出现的比率较大，这使得银行更不愿意向中小微企业发放贷款。在银行贷款的门槛效应与银行的风险偏好双重作用下，中小微企业很难获得银行贷款。银行审核企业信贷资质的方法较为单一，银行最关注的是固定资产抵押，而对企业技术质押的考核标准不一，银行很难对企业知识产权抵押作出完善的评价，银行对知识产权抵押持不支持、不反对、不积极的态度。

2.3 中小企业担保、P2P等社会融资渠道进一步缩紧

在新常态下，经济下行压力巨大，与此同时，企业不良贷款率陡增，这使得中介担保公司通过严控担保对象、提高保证金比例等手段来降低担保公司自身的风险。另外，在新常态下，经济增长放缓，提质增效任务紧迫，P2P融资规模骤减，社会融资渠道不畅，这进一步加剧了中小微企业融资的难度，使得中小微企业举步维艰。

3.中小微企业融资困境原因分析

造成中小微企业融资困境的原因有多种，其中既有自身的原因，也有社会机制的原因，具体分析如下：

3.1 自身的原因

造成中小微企业融资困难的原因部分在于中小微企业自身。一方面，中小微企业的财务制度不规范，加剧了企业融资的难度，甚至有一些中小微企业为了逃税，往往按照企业经营者个人的意愿，隐瞒收入、编造支出等减少税款，财务账款比较混乱。这种情况使得中小微企业在融资时，容易发生财务报表审查不过关的现象。另一方面，中小微企业的资本相对匮乏，缺少合格的抵押担保品。银行最看重抵押担保，尤其是在经济下行区间，通过信用担保获取贷款的可能性已大大降低。而中小微企业因受制于资金、设备等因素，无论是固定资产还是流动资产存量都相对较少，银行等金融机构青睐的土地使用权、门面房更是缺乏，无法

迎合银行的贷款偏好，使得中小微企业在融资时处于弱势地位。此外，中小微企业经营管理理念落后，风险抵御能力弱。我国中小微企业的存活时间相对较短，平均寿命只有2~5年，而西方国家企业的存活时间为40年左右，企业的寿命太短也在一定程度上增加了融资的难度。

3.2 社会机制的原因

从社会机制来看，造成中小微企业融资困难的环境没有改变。一方面，我国资本市场发展具有滞后性。目前欧美国家的资本市场已经发展得相对成熟，而我国资本市场尚处在平稳起步阶段。中小微企业由于信息不对称，或者缺乏主动对接的意识，没有充分利用信息交流平台，与投资者的联系不密切，致使投资者顾虑重重，从而使中小微企业失去了利用资本实现腾飞的机会。另一方面，社会信用担保体系不完善。从担保机构的营运环境来看，信用担保的相关法律条文无法跟上现阶段信用担保业的快速发展。比如到2016年为止，地、市、县级担保机构进入担保行业的准入问题仍无明确的法律依据。从担保业的监管环境来看，监管部门缺失和多头管理并存的混乱局面一直存在。社会机制的缺失导致中小微企业在融资时出现了种种问题。

3.3 银行的原因

中小微企业融资难的问题在很大程度上是银行造成的。银行是以吸收存款、发放贷款为业务的企业，为保证银行的有效运行，银行对呆账、坏账的控制极为严格，对于资金的安全性要求极高。一方面，银行的这种特性造成银行缺乏向中小微企业提供融资支持的积极性，因为中小微企业相对于大型企业来说，对贷款定价的承受能力更低，还存在较高的违约风险。银行向中小微企业提供信贷产品，难以做到“收益覆盖风险”，这也降低了银行向中小微企业提供融资支持的积极性。另一方面，商业银行开展中小微企业信贷活动的成本太高。中小微企业的贷款业务具有单笔金额小、频率高的特点，这使贷款银行的管理成本大大提高。相对于大型企业的贷款业务而言，中小微企业的信贷业务就处于被忽视的地位。此外，我国缺少专门对中小微企业提供融资服务的金融机构。大型国有银行和股份制银行对中小微企业的融资支持更多的是出于对政策性因素的考虑，银行自身缺乏对中小微企业提供融资服务的动力。

4.营造中小微企业融资公平环境的机制创新

4.1 规范中小微企业自身行为

在中小微企业注册成立之时，组织相关部门对中小微企业进行财税知识培训，帮助中小微企业树立正确的财务观念，严格控制中小微企业财务账目处理行为，建立中小微企业信用档案，避免发生为逃避税收而人为缩短企业寿命等行为。帮助中小微企业认识自身规模的扩大和有效经营具有长远意义，要求中小微企业把眼光放长远，不要做“井底之蛙”。建立中小微企业沟通交流平台，缓解中小微企业信息不对称的问题，帮助中小微企业不断提升自身的综合素质，建立现代企业制度，完善规范透明的财务制度。强化中小微企业的信用意识，树立诚实守信的良好形象，提升中小微企业在银行征信业务市场中的良好形象。

4.2 完善资本市场，建立社会广泛参与机制

在“双创”热潮中，投资基金、政府引导基金子基金、企业直接投资等多种形式的社会资本发挥了巨大作用。然而在资本市场运作过程中，因税收成本过高、退出机制不健全等问题，社会资本的积极性未被完全调动起来。从源头上解决中小微企业融资难问题，营造公平的竞争环境，要加快建设多层次资本市场、征信体系等金融基础设施，建立公平参与机制，有序推进政府数据开放，进一步释放社会资本活力；要推动担保产业链发展，通过培育或并购重组等方式，建成一批持续发展能力强的综合性担保集团公司，完善以担保机构为主，小贷、典当、拍卖、评估等关联业务为辅的融资服务产业链，解决企业单一方式融资难问题。

4.3 鼓励银行积极开发融资新产品，建立相应的补偿机制

建立补偿机制，鼓励金融机构创新组织、产品和服务，积极探索开发适合中小微企业融资的专项产品和服务模式。鼓励银行开展面向中小微企业的贷款业务。深化小额贷款风险扶持措施，扩大小额贷款风险补偿范围和比例，将用于中小微企业生产经营的个人经营性贷款纳入小额贷款风险补偿范围，支持银行向小企业贷款倾斜。推动银行与担保、行业协会、区域性组织（园区）的合作，推广联保互保信用和部分信用贷款及动产质押贷款。鼓励银行结合小企业“短、频、快、急”的融资特点，简化手续，创新贷款品种和衍生金融产品。

5.保障措施

5.1 坚持“一改”——改善融资环境

健全征信系统信息容量，引入纳税额、资金流、贷款历史、贷款需求等信息，并将其纳入征信数据库，建立征信云数据体系；同时，对云数据“活用”“巧用”，提高中小微企业信贷管理效率；搭建政、银、企沟通交流平台，促进三方之间的良性互动、合作共赢，完善中小微企业金融服务的外部政策支持与激励

机制，推动中小微企业贷款贴息等扶持优惠政策的落实。

5.2 着力“两降”——降低信贷利率、服务收费

所谓“两降”，一是降低中小微企业信贷利率，银行要提高社会责任感，纠正片面追求利润的做法，审慎确定收费项目，调整收费标准，切实降低中小微企业信贷利率；二是降低服务收费，实行差异化风险计量及绩效考评制度，适当放宽中小微企业金融市场准入标准，同时灵活运用各种金融工具为企业提供结算、票据和财务管理等多种金融服务，力争在风险可控的前提下支持中小微企业发展。

5.3 强化“三优”——优化融资渠道、网络金融资源配置、金融服务水平

所谓“三优”，一是优化社会融资渠道，加大对小型企业贷款的投放力度。要成立专业化中小微企业金融服务团队，为中小微企业提供贷款“一站式”服务；二是优化网络金融资源配置，强化P2P行业规范，提高民众信任感及社会资金参与度，引导民间资本向中小微企业项目转移；三是优化金融服务水平，为中小微企业贷款开辟“绿色通道”，简化信贷审批程序，优化信贷管理模式，提高服务水平。

参考文献

［1］陈丽娟.科技型中小企业融资难的制约因素及对策［J］. 商业会计，2016（3）：103-104.
［2］吕劲松.关于中小企业融资难、融资贵问题的思考［J］. 金融研究，2015（11）：78.
［3］赵亚明.多层次资本市场与中小微企业融资研究［J］. 金融教学与研究，2012（6）：30.

慕课教学对财经类学生“双创”教育的影响[①]

——学生学习行为的视角

吴水亭

（广西财经学院）

摘　要　本文旨在从学生学习行为的视角探讨慕课教学对“双创”教育的影响，针对219份有效问卷，分析学生学习行为的特点及影响因素，并提出相关建议。

关键词　慕课　双创　学习行为

1.引　言

慕课（Massisive Open Online Course，MOOCs）是一种针对大众的免费在线教学方式，也是近年来开放教育领域出现的一种新的课程模式。2014年李克强总理提出“双创”，这对财经类院校的教育提出了新的要求。如何改变传统教育、如何引入基于互联网的现代教育理念成为大家思考的问题。慕课的引入对教师来说是巨大的挑战，对学生来说也是巨大的挑战。网络学习的时空分离使教师难以掌握学生的学习情况，学生也面临着自主学习的挑战。

国外对学习行为的研究主要集中在两种理论上：（1）自主学习理论。自主学习从20世纪中叶被提出到现在，历经60多年的发展。有学者认为自主学习是一种学习方式；有学者认为自主学习是一种学习模式；也有学者认为自主学习是一种主动建构的学习，学习者自己确定学习目标，自己根据目标和情境对认知、动机和行为进行监督和调控。这一理论的主要代表是齐默尔曼（Zimmerman），他提出了自主学习模型，从学习者自身对自主学习的监控与调节、外界环境对学习者自主学习的监控与调节两个方面对自主学习行为进行研究。（2）技术接受模型理论。1989年，戴维斯（Davis）依据理性行动理论和计划行为理论提出了技术接受模型。戴维斯认为，在技术范畴内，使用行为意向受到个体使用态度和主观规范的影响。在国内对学习行为的研究中，彭文辉（2015）提到，共有159篇关于网络学习行为的研究论文。其中，游建波对网络学习行为与传统学习行为监控进行了比较研究，他指出要利用资源和学习评价来对学生的学习行为进行监控；2010年，黄震等人分析了传统学习模式、现代学习模式和网络学习模式，对网

① 本文得到2015年度广西高等教育本科教学改革工程项目（2015JGA336 2015A06）资助。

络学习行为分析平台在线学习模式的设计与开发进行了探讨和研究，这些文献对于我们有很大的借鉴意义。

2.研究设计

2.1 研究对象

本次调研对象为广西各高校在校生，由于慕课在广西开展得不广泛，所以本次调研采用随意抽样，分别到广西大学、广西财经学院、广西民族大学、广西师范学院等高校寻找慕课学习者。其中，既有刚学几周的初学者，也有具有完整课程体验并且拿到两个证书的学习者。我们共发出350份问卷，收回297份，其中有效问卷219份。数据用SPSS 17.0处理。

2.2 变量设计

我们将学习行为分为“学习计划性”、“学习态度”、“学习主动性”、“自习时间”和“学习方法”5个变量。“学习计划性”包括学习前评估课程完成的难易度，了解课程与老师的基本信息，确认上课时间是否与在校课程有冲突，是否有计划地安排每门课的学习时间；“学习态度”包括会认真阅读老师推荐的书籍，会在第一时间完成任务或作业，总是在讨论区积极提问或解答问题；“学习主动性”包括主动寻找学习伙伴，主动寻找与考试和作业有关的学习资料；“自习时间”为考试和作业花费的时间；“学习方法”包括把课程视频和资料下载后学习，做笔记和标重点，与他人合作完成学习任务，在非课程网站寻求帮助。

3.数据统计和分析

3.1 样本的描述性分析

通过数据可以看出，性别分布：女生占67.12%，男生占32.88%；年级分布：大一占40.64%，大二占6.85%，大三占24.66%，大四占27.85%；生源地分布：来自农村的占55.25%，来自县镇的占26.94%，来自城市的比例最小(17.81%)；专业分布：工科占23.74%，理科占9.59%，文史类占39.73%；上网时间：每天基本上超过一小时，超过两次。

3.2 慕课教学下的学习现状

（1）学习计划性分析。通过分析可知，不同上网时间（Sig.=0.006）的学生的学习计划性有显著差异，得分越低表明学习计划性越好。采用事后比较的方法

LSD法发现，“1<T≤2”组群体显著低于“4<T”组群体，“2<T≤4”组群体显著低于“4<T”组群体。学习成绩在班级排名不同对学习计划性未通过方差齐性检验，所以采用事后比较的方法 Dnunett’s T3、Games-Howell、Tamhane’s T2、Dunnett’s C，均未发现任何两组的事后比较差异结果达到显著。

（2）学习态度分析。通过分析可知，不同上网时间（Sig.=0.005）、学习成绩在班级排名不同（Sig.=0.000）的学生的学习态度有显著差异（$p<0.05$），得分越低表明学习态度越好。采用事后比较的方法LSD法发现，“0<T≤1”组群体显著低于“2<T≤4”组群体和“4<T”组群体，“1<T≤2”组群体显著低于“2<T≤4”组群体和“4<T”组群体，“优等”组群体显著低于“中等偏下”组群体和“较差”组群体，“中等偏上”组群体显著低于“中等偏下”组群体和“较差”组群体，“中等”组群体显著低于“中等偏下”组群体和“较差”组群体。

（3）学习主动性分析。由于上网频率不同对学习主动性未通过方差齐性检验，所以采用事后比较的方法Dnunett’s T3、Tamhane’s T2、Dunnett’s C、Games-Howell均未发现任何两组的事后比较的差异结果达到显著。

（4）自习时间分析。由于不同专业对自习时间未通过方差齐性检验，所以采用事后比较的方法Dnunett’s T3、Tamhane’s T2、Dunnett’s C、Games-Howell，均未发现任何两组的事后比较差异结果达到显著。

（5）学习方法分析。由于不同专业、上网时间、上网频率对学习方法未通过方差齐性检验，所以采用事后比较的方法Dnunett’s T3、Tamhane’s T2、Dunnett’s C、Games-Howell，均未发现任何两组的事后比较差异结果达到显著。而学习成绩在班级排名不同（Sig.=0.00）的学生的学习态度有显著差异（$p<0.05$），得分越低表明学习态度越好。采用事后比较的方法LSD法发现，“优等”组群体显著低于“中等偏下”组群体和“较差”组群体，“中等偏上”组群体显著低于“中等偏下”组群体和“较差”组群体，“中等”组群体显著低于“中等偏下”组群体和“较差”组群体。

（6）选择慕课的主要动机分析。同学们选择慕课的主要动机是获得知识，占比78.54%；其次是提高专业技能，这一需求与传统教学模式下的需求一致；主要动机为满足个人兴趣的占52.97%，说明新的教学模式在很大程度上提高了个人学习兴趣；最后，充实课余时间也是大多数学生的选择。

（7）选择慕课课程的主要原因分析。同学们选择慕课课程的主要原因是想扩展知识面，占比达到23.29%；另一个原因是想获得更好的课程资源；还有一个原因是课程免费开放，对于无薪的大学生来说，这是一个很好的选择。

（8）辍学原因分析。在学习慕课的过程中，有辍学经历的同学占23.74%。究其原因，首先是没有坚持的动力，占比超过一半，为59.62%。这从侧面反映出大学生的学习目的还不明确，不知道自己为何而学、要达到什么目的。其次是课程进度跟不上，占比40.38%。这对于新的教育模式来说，也是一个很大的问题。再次是慕课的学习时间与学校的学习时间有冲突，这其实是传统教学模式与“互联网+教育”教学模式融合时所面临的挑战。

3.3 慕课教学背景下学习行为的影响因素

在网络迅速发展的时代，学习行为的影响因素与传统教学模式下学习行为的影响因素是不同的。这次研究主要从三个方面进行：技术因素、社会因素、资源因素。

（1）技术因素。在技术因素量表中，题项的均值越低，表明被试学生对网络学习过程技术支持的满意度越高。从表1中可以看出，该量表共有9道题，题项“D3：操作网络学习工具对我来说是一件很容易的事”的均值最高（2.35），标准差也最高（0.823），表明互联网对学生的影响很大，学生对网络学习工具的运用不熟练；题项“D1：高效的检索工具能帮助我快速地搜索到有用的信息”的均值最低（1.80），标准差最低（0.731），且答案分布比较集中，表明被试学生对网络中的检索工具认可度高，高效的检索工具让资料收集工作很容易，学生对于检索工具利用得比较好。

表1 慕课教学背景下学习行为的技术因素

题项	正向人数	中立人数	负向人数	均值	标准差
D1	188（85.84%）	26（11.87%）	5（2.28%）	1.80	0.731
D2	166（75.80%）	47（21.46%）	5（2.28%）	2.03	0.750
D3	120（54.79%）	86（39.27%）	13（5.94%）	2.35	0.823
D4	168（76.71%）	44（20.09%）	7（3.20%）	2.04	0.797
D5	167（76.26%）	44（20.09%）	8（3.65%）	2.04	0.797
D6	171（78.08%）	40（18.26%）	8（3.65%）	2.03	0.818
D7	164（74.89%）	46（21.00%）	9（4.11%）	2.07	0.786
D8	148（67.58%）	62（28.31%）	9（4.11%）	2.21	0.785
D9	150（68.50%）	63（28.77%）	6（2.74%）	2.16	0.760

各题项分别是：D1：高效的检索工具能帮助我快速地搜索到有用的信息；D2：我常常能利用网络学习工具解决学习中遇到的困难；D3：操作网络学习工具对我来说是一件很容易的事；D4：各种素材资源丰富多样，能很好地支持我的学习；D5：各种素材资源方便下载，能让我随时随地进行学习，提高学习效率；D6：学习资源的组织分类有序，能使我快速找到需要的信息；D7：网络学习环境提供丰富的学习范例，能很好地支持我的学习；D8：网络学习环境能提供不同的评价方式，有助于我更好地检测学习效果；D9：即时的评价与反馈能让我及时调整自己的学习。

（2）社会因素。在社会因素量表中，题项的均值越低，表明被试学生认为在网络学习环境中教师和同学对自己学习的正向影响越大。从表2中可以看出，该量表共有4个题项，均值均大于2.0。在当前的网络学习环境中，教师的参与未得到重视，学生在学习过程中大多依靠自己，因此社会因素对于学生来说，影响不显著。

表2 慕课教学背景下学习行为的社会因素

题项	正向人数	中立人数	负向人数	均值	标准差
H1	132（60.28%）	77（35.16%）	10（4.56%）	2.30	0.802
H2	122（55.71%）	83（37.90%）	14（6.39%）	2.40	0.803
H3	129（58.90%）	77（35.16%）	13（5.94%）	2.38	0.801
H4	113（51.59%）	77（35.16%）	29（13.25%）	2.54	0.930

各题项分别是：H1：教师是否参与学习活动的指导，会影响我的参与积极性；H2：通过电子邮件、视频聊天等方式与教师交流，能帮助我解决学习过程中遇到的问题；H3：通过小组的形式进行网络学习是一种有效的学习组织方式；H4：与其他网络学习伙伴的交流会影响我的学习积极性。

（3）资源因素。在资源因素量表中，题项的均值越低，表明被试学生对网络学习环境中的学习资源的可用性和易用性的满意度越高。从表3中可以看出，该量表共有8个题项，均值均大于2.0。题项“F5：学习活动形式丰富多样，我能更迅速地完成任务”的均值最高（2.29），表明网络学习活动形式多样性不够，学生要求学习内容更加多元化；题项F1、F2、F3、F4的均值较低，其中“F4：学习内容具有开放性，可根据实际需要及时更新，能让我更快地获得更多的信息”的均值最低，标准差较低，表明学习内容的开放性满足学生的需求，能根据实际及时更新。

表3 慕课背景下学习行为的资源因素

题项	正向人数	中立人数	负向人数	均值	标准差
F1	160（73.00%）	55（25.11%）	4（1.83%）	2.09	0.717
F2	169（77.20%）	45（20.55%）	5（2.28%）	2.10	0.703
F3	168（76.71%）	48（21.92%）	3（1.37%）	2.08	0.662
F4	174（79.45%）	41（18.72%）	4（1.83%）	2.03	0.697
F5	135（61.64%）	72（32.88%）	12（5.48%）	2.29	0.804
F6	158（72.15%）	51（23.29%）	10（4.57%）	2.15	0.772
F7	145（66.21%）	63（28.77%）	11（5.02%）	2.21	0.787
F8	155（70.78%）	61（27.85%）	3（1.37%）	2.17	0.666

各题项分别是：F1：学习内容组织符合逻辑，能够帮助我理解学习内容；F2：学习内容表现形式多种多样，能够帮助我理解学习内容；F3：学习内容便于传播和共享，能提高我的学习效率；F4：学习内容具有开放性，可根据实际需要及时更新，能让我更快地获得更多的信息；F5：学习活动形式丰富多样，我能更迅速地完成任务；F6：学习活动的设计紧扣学习内容，能帮助我更好地理解学习内容；F7：学习内容安排难易适中，增强我完成任务的信心；F8：不同程度的学习活动能满足我的学习需要。

4.总　结

本文分析了慕课教学背景下大学生的学习现状及影响因素。在互联网时代，大学生的学习主动性、学习计划性有所改善，但是学习目的性依旧不是很明确。学生在慕课课程的学习中有辍学情况，最主要的原因是没有坚持的动力，这说明学生没有学习目标，没有前进的方向；另一个原因是与学校的学习时间有冲突，这说明学生没有合理安排自己的时间。

在影响因素分析中，资源因素的影响是显著的，学生要求学习内容多样化，难度要适中，不然会使学生跟不上课程的进度。在社会因素中，我们可以看出，教师和同学的影响不大，学生大多是在一个人探索，这说明需要加强教师的引导与支持，也需要同学之间的沟通交流。在技术因素中，检索工具的使用要更加方便，同时也要注重学习活动形式的多样性。

参考文献

［1］SEAMAN，ALLEN.Changing course：ten years of tracking online education in the United States［EB/OL］.［2013-03-01］. http：//www.onlinelearningsurvey.com/reports/changingcourse.pdf.

［2］胡晓芳.大学生学习状况及对策研究［J］. 神州旬刊，2011（6）：22-23.

［3］林秀曼，谢舒潇，吴芸.大学生网络学习现状与对策研究［J］. 中国教育信息化，2013（20）：28-31.

［4］马丽.自主学习理论指导下的初中古诗词教与学研究［D］. 成都：四川师范大学，2012.

［5］宋艳.大学生学习现状研究——以西南大学为例［J］. 中国高等教育评估，2011（4）：66-70.

［6］王左利.MOOC：一场教育的风暴要来了吗？［J］. 中国教育网络，2013（4）：11-15.

关于大数据挖掘应用对商品营销模式的影响浅析

谢　玮

（广西财经学院）

摘　要　本文介绍了数据挖掘算法在商品供销存环节中的应用，分析了其对商品销售和营销模式的影响。我们对商品销售中的因素进行了关系分析分类，根据不同的销售情况和关系环境，给出不同的数据分析和挖掘方式，并提供了相应的分析算法和方法，为后续研究奠定了基础。大数据分析可以影响商品的供销存关系，进而提高商品营销各环节的经济效益，降低成本。

关键词　大数据　供应链　营销　数据挖掘　算法　回归

移动互联网的普及使每个人都成为了数据源节点，个人的消费信息、活动信息不断地输入到互联网中，与网络中的服务信息不停地交互，像水流一样汇集。所有信息聚合在一起，在每个信息服务行业的发展初期，整个信息交互量都呈几何级数增长。有效地利用大数据技术、数据挖掘技术，可以改变每个行业的盈利模式，做到精细化营销。在商品的营销供应链管理中，信息流作为供销环节的重要部分，对去库存、降成本起着很重要的作用，在技术革新的推动下逐渐改变着商业的营销模式。

本文通过探讨商品营销领域的大数据技术和数据挖掘技术，分析挖掘算法在商业运营模式中的应用。数据挖掘就是在大量数据中通过算法搜索其内部信息关系的方法，它在电子商务、计算机数据、工业和医疗领域广泛使用。本文以普通消费品营销模式为例，来探讨大数据挖掘对供销存商业模式的影响。

1.依托大数据应用，重构商品供求关系价值链

1.1　传统的商品营销供应链商业模式

传统的商品营销供应链商业模式有几大特点：第一，供应引导销售，而非真正的需求引导销售；第二，大量的有价值的消费数据沉冗，无法反向应用（销售引导生产）；第三，价值链的核心在于差价利润，而非生态圈打造。

传统的商品营销供应链商业模式对客户需求的反应不及时，从供应商到销售

商再到消费者，一环接一环的商品传递和信息传递必然会对供求信息的准确性造成影响，消费需求和市场供给信息不对称必然会造成库存增大，降低了企业的经济效益（如图1）。如何有效处理消费供求关系和供应链各环节之间的关系，对销售企业来说至关重要。

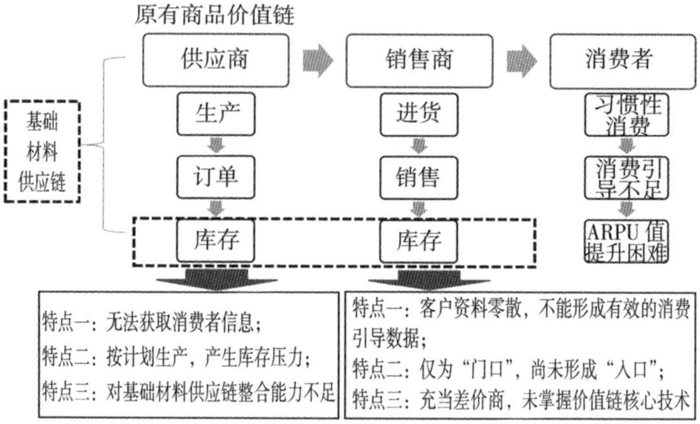

图1 传统的供销存关系图

1.2 依托大数据应用，重构商品价值链：入口、开放、连接、生态

商业模式只是套路，价值链重构才是核心，价值链重构的本质在于创造和优化价值链。依托大数据应用，重构商品价值链（如图2），形成统一入口、开放的能力输出、大数据范畴的连接，最终形成以用户需求为核心的生态圈，达到共赢的利益池。依托大数据应用，可以更好地重构商品价值链和销售的各个环节，分析消费者、销售者、商品之间的关系，根据不同情况进行分类，做到精准营销，把各环节的成本降到最低。

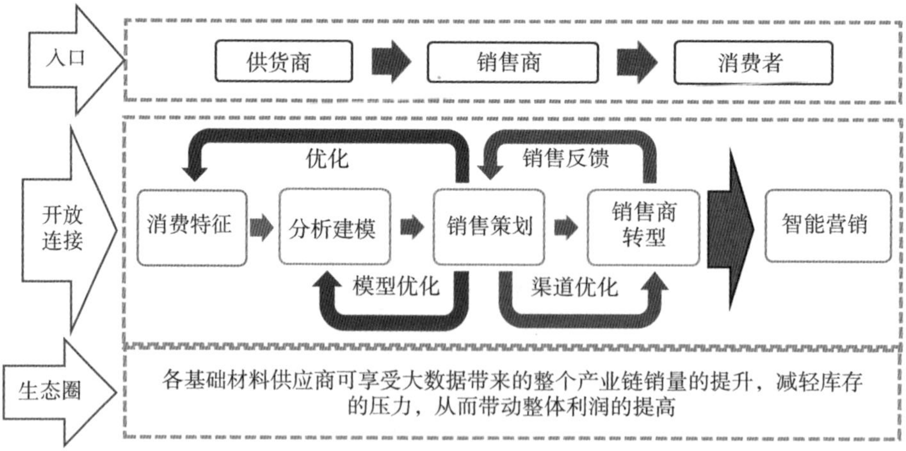

图2 基于大数据的商品营销价值链关系图

2. 目前大数据的应用和发展

2.1　大数据分析和数据挖掘在商业上的应用

近年来，移动互联网和智能移动设备的兴起为消费品大数据收集、分析、数据挖掘奠定了基础，每个消费者的购买行为和信息都可以被有效地搜集，商品营销公司可以更好地对数据进行分析，并快速处理供销存关系，这也推动了大数据分析行业的发展。

2.2　数据存储方式的演进

数据存储方式由关系数据库向非关系数据化演进，数据载体服务器集群负载均衡，分布在各地的服务器CDN加速，全世界不同地区数据同步收集要求不断提高，云服务提供商的出现让商业企业，特别是需要进行大数据分析的营销企业在建立初期节省了部署成本。

2.3　数据挖掘方式的变化

10多年前，数据只是单纯地非关联地存储或单节点存储，数据存储量有限；目前人们可以很轻松地存储上万GB的数据，并且成本不高。随着科技的进步，不少专门针对大数据分析的工具和计算机语言出现了，对上百TB的数据进行分析变得更加方便，通过大量的设备集群对数据进行机器训练（Machine Learning，Data Training）使得挖掘技术更为精准。

随着时代的发展，数据挖掘算法从简单的线性回归发展到逻辑回归和二项式回归，再到更新的智能网络神经算法，能处理海量数据。

2.4　数据挖掘对商业模式的影响

目前，存储技术、计算机处理能力和算法可提供的能力，足以对任何商业模式产生深远的影响。以商品供应链或直营商品店为例，大数据挖掘技术可以对其经营数据、收入数据进行分析和预测，企业可以利用大数据管理资金的投入，银行可以利用大数据对经营者的信用额度进行风险管理，经营管理者也可以对区域性零售点、人口密度和时间点的数据进行挖掘，这对商品销量也有影响。

3. 数据挖掘算法应用

本文主要对三类算法进行分析：线性分析、概率分析和关系分析，探讨它们在商业模式中的应用。

3.1 线性分析

线性分析是数据挖掘中最基础的算法分析，其主要代表是线性回归算法，可以处理消费者和货物的购买线性关系，并做出预测。利用大数据样本进行线性回归分析，可以得到商品销售与人口密度、销量与地区人均收入水平等的关系，以及销量与地域内房屋价格的关系，并用数组表示出来。如下雨的时候，伞的销量在短时间内和下雨时间长短有着线性关系。

此种类型的算法一般用在通过现有数据能立即获得比较直观结果的情形下，可对未来结果进行线性预测。

3.2 概率分析

概率分析在商业模式中的应用主要是分析各种因素导致结果发生的可能性，代表算法有逻辑回归算法，可以分析消费者对消费品的消费概率。逻辑回归算法和线性回归算法两者结合，可以分析消费者和消费品之间在多维度（时间、地域、价格等）中的相互关系，从而可以对供货商的产品供给、价格起指导作用。通过对商品属性、消费者自身消费属性和消费环境影响因素等变量设置相应权值，可建立单个消费者的消费向量样本；通过分析大量消费者的消费向量，可得出统计和预测参数，为商品营销提供数据统计和预测支持。其基础算法公式为：

$$F(x)=1/(1+e^{-(\beta_0+\beta_1\cdot x)})$$

其中，F（x）为分析的可能性值，β_0是线性衰减初始值，$\beta_1\cdot x$是回归因子（从数据分析中得出）。

此算法还大量运用在生态学和医学领域，从一维数据样本到多维数据样本都可以进行数据分析，并得到有效的预测结果。

3.3 关系分析

数据关系挖掘在当今大数据分析中占有很重要的地位，互联网社交中网络朋友关系挖掘大量运用到关系数据挖掘，通过它可以得到深层次的事物关系和关系网。

这里主要介绍最临近关系分析算法（K-Nearest Neighbor Algorithm，KNN），此算法可以得出消费者之间、供货商之间的关系，可以处理他们买卖商品的社交关系，可以通过层层的关系挖掘，对社交圈和用户属性进行分类，把商品销售模式进一步社交化和关系化。

KNN最基础的公式如下：

$$y=\frac{1}{K}\sum_{i=1}^{k}y_i$$

其中，y_i是第i个样本分析数据，y为预测值；K为选择样本个数的值。

营销建模时，先把消费者的消费物品分类，每类设立权值，这样就可以为每个消费者的消费属性建立多维向量{X_0，X_1…，X_n}，然后在几千甚至几万个消费者集合的多维向量矩阵中寻找个人消费者消费物品类型相似值的集合，再确定适当的分析范围（K），通过公式计算这些矩阵数据，得到消费者属性的结果，从而定位消费者的消费习惯，确定运营模式。

KNN也可以对消费者的亲属关系和地域关系进行权值设定，以分析社交圈的商品消费习惯，销售商可以根据分析结果对这些人进行精准营销，市场营销机构可以确定货品在多维度（时间、地域、关系人群）的订购关系和上下游供应链的进存销关系。

这种分析方法不仅可以对消费品数据进行分类统计，还可以对每类消费品的品牌类型进行建模和数据分析，也可以对销售商和供货商等上下游供应链进行大数据挖掘，得出它们之间的各种关系。

3.4　算法应用归纳

通过以上几种数据挖掘方式，可以对每类细分产品或不同型号产品的供应方式和销售模式进行归类，分析不同产品的搭配销售、组合销售方式对销量的影响（用KNN算法和逻辑回归算法），灵活地应对各种商业环境。

4.总　结

大数据应用通过对消费行为的细分、对用户属性的归纳，依托大数据算法进行线性分析、概率分析、关系分析以及其他智能分析，形成消费模型，指导企业的销售、生产、原材料提供等，降低经营成本，提高经济效益。未来，也可以就特定商业运营模式制定新的挖掘算法，如逻辑回归和KNN算法相结合等，进行更复杂的分析，再通过大量数据样本的测算得到更加可靠的最终模型。

随着大数据应用的广度及深度不断延伸，它对商品供销存关系的影响越来越大，对商品营销价值链重构的影响也越来越大。作为大数据应用核心的大数据模型及算法，将是下一个研究热点。

参考文献

[1] HAGER. Determining degree of innovation in business models by applying product innovation theory [M]. Norway : University of Oslo，2006.

[2] 水藏玺.互联网时代业务流程再造 [M]. 北京：中国经济出版社，2015.

[3] 周永亮.价值链重构 [M]. 北京：机械工业出版社，2016.

高校大学生绿色创新创业教育实践体系建构①
——基于生态学视域的研究

韦联桂

（广西财经学院）

摘 要 随着我国经济社会发展进入新常态，生态文明、绿色发展理念日益成为社会共识，并渗透到社会生活的各个领域。在当前“众创（大众创业、万众创新）”背景下，大学生绿色创新创业教育是生态文明、绿色发展理念在高校的实践与应用，并成为新形势下高校深化创新创业教育改革的聚焦点与有效途径。本文以生态学与绿色创新创业教育理论为基础，探析当前高校开展大学生绿色创新创业教育实践的情况，提出基于生态学的高校大学生绿色创新创业教育实践体系建构的基本策略，以健全高校绿色创新创业教育体系，保障大学生绿色创新创业实践有效开展。

关键词 生态学 绿色创业创新教育 实践体系 策略

随着我国现代化进程的迅猛发展，自然资源与能源被过度消耗，生态环境被破坏，这种情况引起人们的思考和警惕，生态文明、绿色发展理念日益成为社会大众的普遍共识，并渗透到社会生活的各领域。在“众创（大众创业、万众创新）”背景下，全国高校高度重视大学生创新创业教育，尤其是在生态文明、绿色发展理念得到社会普遍尊重与践行的时代，将创新创业教育与生态文明、绿色发展理念有机结合，推行大学生绿色创新创业教育，是新时代赋予高校教育的现实责任与使命。作为一种新兴的教育理念与模式，大学生绿色创新创业教育是生态文明、绿色发展理念在高校创新创业教育中的具体实践与有效应用，是新形势下高校深化创新创业教育改革与发展的聚焦点与有效途径，高校责无旁贷，要注重其实践体系的建构。

1.生态学与绿色创新创业教育

生态学（Ecology）是德国生物学家恩斯特·海克尔在1866年提出的一个概念：生态学是研究生物体与其周围环境间相互关系的科学。此后，卢梭重新界定了生态学的概念：生态学是“一定地域和空间内的所有动植物间、动植物与其所

① 本文是2016年度广西高等教育本科教学改革工程项目“生态学视域下的高校大学生绿色创新创业教育实践体系建构与研究——以广西财经学院为例”（2016JGA321）的研究成果。

处环境间的相互关系，它强调系统中各因子间的相互联系、作用与功能上的统一”。随着生态学理论研究的发展，人们发现“世界上的万事万物均处在一种生态-生长的动态平衡之中”，生态学各要素及部分间紧密联系，形成一个动态、发展、开放及复杂的整体性系统。在这个系统里，每个部分都紧密联系在一起，各个要素互相作用与制约，形成动态平衡。由此可以看出，生态学的核心在于把相互联系的事物看成一个有机的、复杂的、多层次的、统一的生态系统。因此，我们可以用生态学的基本原理与方法（即系统观、联系观、动态观、平衡观）来研究和分析各种事物。

我国高校大学生创新创业教育起步较晚、水平较低，正处于探索阶段。自国务院《关于深化高等学校创新创业教育改革的实施意见》颁布后，各高校高度重视，积极采取有效措施，推进创新创业教育改革与发展。我们以高校教育为一个整体系统，把高校创新创业教育作为一个子系统，就会发现，子系统具有理念认知不统一、目标定位不一致、实践体系不健全等弊端。面对这些弊端，高校要以生态学作为开展创新创业教育的理论指导。作为研究事物及其周围环境之间相互关系的一门科学，生态学理论能为高校创新创业教育提供科学的理论基础。基于传统创新创业教育存在的问题与经济社会转型升级需要而提出的大学生绿色创新创业教育，为高校深化创新创业教育改革与发展开辟了一条有效途径。

所谓绿色创新创业教育，就是以绿色生态环境效益为基础、可持续发展为核心、市场需求为导向，以培养具有社会责任感、绿色发展理念、创新创业精神及其他素质能力的新生代大学生为目标的一种新型创新创业教育模式。它包括狭义和广义两层涵义。狭义上指的是为培养大学生绿色创新创业精神、意识与能力，支持与引导广大学生从事以环保、可循环为主题的体现绿色低碳特点的创新创业实践活动的一种新型创新创业教育；广义上指的是为满足经济发展提质增效升级需求而提出的以“可持续发展”为目标的创新创业教育，即在整合高校、政府、社会与企业各方资源的基础上，转变教育理念，拓宽教育途径，形成教育长足发展机制的一种新型的创新创业教育。不论是狭义的还是广义的绿色创新创业教育，其理念都是建构可持续发展的创新创业教育体系。本文所探讨的是广义上的绿色创新创业教育。

2. 当前高校开展大学生绿色创新创业教育的实践情况

随着经济社会的迅速发展与资源环境问题的日益突出，人们的环境资源意识不断增强，其理念更趋向生态文明、绿色发展，绿色创新创业得到社会广泛的关注与支持。作为生态文明、绿色发展理念在传统创新创业教育中的具体实践与有效应用，高校大学生绿色创新创业教育已逐渐成为当前高校教育改革与发展的聚焦点，如温州科技职业学院开展的绿色创业教育、宁波工程学院实施的大学生绿色创业教育、浙江农林大学打造的生态创业型大学等。就当前高校开展绿色创新创业教育实践的情况来看，仍存在以下问题：

2.1 学校层面：绿色创新创业教育理念滞后

目前，国内少数高校开始关注绿色创新创业教育研究及实践，但是从整体来看，大多数高校尚未认识到绿色创新创业教育的内在本质及重要性，绿色创新创业教育理念在学校的各类文件中仍未被正式提出，还没有建立绿色创新创业教育领导或组织机构，没有成立规范化的绿色创新创业研究中心以及绿色创新创业服务中心；创新创业教育观念仅停留在对学生进行创新创业理论知识和基本技能的教授层面，实践活动还停留在财富和利润获得的功利性层面，尚未上升到把社会责任与担当作为创新创业行为目的的理性层面与价值论高度，致使高校绿色创新创业教育理念滞后。

2.2 学生层面：绿色创新创业实践参与度低

目前，高校大部分学生对绿色创新创业的认识还是模糊不清的，对它的理解仅停留在如何创办公司、搞具有盈利性的项目上，不注重项目的绿色环保及可持续利益；在平时的专业学习中，大学生很少涉及绿色生态产业的相关知识，对绿色生态产业的相关政策及发展现状、问题和趋势了解甚少；大学生在日常的实践中很少关注绿色生态创新创业，与绿色生态产业或企业交流较少，接触不到绿色创新创业的典型案例，这导致大学生对绿色生态产业这一新兴领域认识不全面，他们也没有加入到绿色创新创业实践中来，大学生的绿色创新创业实践参与度较低。

2.3 教师层面：绿色创新创业实践能力不强

现在从事创新创业教育的教师均是从一个学校到另一个学校的学术专家，虽然他们的专业知识很渊博、研究成果比较丰硕，但绝大部分没受过系统性的创新创业教育与培训，缺乏绿色创新创业实践、实战经验或经历；学校尚未进行绿色创新创业教育理念的专门培训与指导，现有的专业教师对绿色创新创业教育内容与规律以及绿色管理的相关知识了解不多，尚未把绿色生态精神融入日常创新创业教育教学当中，我们缺乏一批从事绿色创新创业教育及实践研究的专家学者以及高质量的绿色创新创业导师团队。

2016年，随着国家“绿色化”发展战略与“创新、协调、绿色、开放、共享”五大发展理念的提出，社会各界认识到绿色生态的重要性以及高校开展绿色创新创业教育的必要性。在当前“众创（大众创业、万众创新）”系列政策的推动下，部分高校以实施绿色创新创业教育来深化创新创业教育改革与发展，但大部分高校绿色创新创业教育理念滞后，没有设置绿色创新创业相关课程，绿色创新创业课程体系、实践平台、孵化基地建设不到位，大学生绿色创新创业实践参与度低，师资绿色素养、校园氛围等资源无法保障，绿色创新创业教育服务工作尚未形成长期有效机制，绿色创新创业教育实践系统化体系缺乏。

3.基于生态学的高校大学生绿色创新创业教育实践体系建构的基本策略

所谓策略，是指某一个组织为实现既定目标而制定的行动方式以及应对方法。高校建构大学生绿色创新创业教育实践体系的基本策略，是高校为深化创新创业教育改革、完善绿色创新创业教育体系、提升大学生绿色创新创业实践能力所建立的系列可行性方案。大学生绿色创新创业教育实践体系是以绿色创新创业教育为根本目的与主要任务的各种教学与实践要素的综合体。我们以生态学相关理论为基础，从理念确立、目标定位、课程体系、实践平台、孵化基地、支持保障六个方面来建构大学生绿色创新创业教育体系。

3.1 理念确立：以生态伦理道德为导向、绿色生态经济为核心

目前，生态文明、绿色发展理念日益成为社会大众的普遍共识，并融入到社会进步、经济发展和人们生活的各个领域。人们纷纷通过改变生产方式与生活模式给予环境道德关怀，实现经济社会与生态环境和谐发展。高校大学生绿色创新创业教育的目的就在于让广大学生在创新创业实践活动中要尊重生态环境，大学生的行为要符合生态经济伦理道德要求。因此，高校要整合、利用各类资源，开展生态文明与生态伦理道德教育，让广大学生具有良好的绿色生态价值观念；在创新创业教育中要突出绿色创新创业教育，以生态伦理道德为导向、绿色生态经济为核心，鼓励广大学生进行绿色创新创业，提升他们的社会责任感，培养他们绿色创新创业的意识与能力，帮助他们选择具有发展前景的行业与项目，指导他们结合专业特点从事绿色生态类行业与项目。

3.2 目标定位：培养大学生的绿色生态观，提升大学生绿色创新创业能力

作为适应“众创（大众创业、万众创新）”需求的一次人才培养模式转变，大学生绿色创新创业教育实践体系构建是高校创新人才培养工作理念与深化创新创业教育改革的积极探索与践行。它的目标定位与高校整体人才培养工作的目标极具关联性与一致性，其目标定位在于：一是培养大学生具有可持续发展观与绿色生态观，具有一定的绿色创新创业意识、精神、素质及相关能力，让他们结合自身的专业特长从事低碳环保类、绿色生态类项目，确保在当前市场经济环境下具有竞争力与发展前景；二是培育与提升大学生绿色创新创业能力，让他们的创新创业实践获得良好的生态经济效益，让他们勇于担当社会责任，成为时代典型与示范，引领全社会倡导和支持绿色创新创业。

3.3 课程体系：设置绿色创新创业课程群，形成系统性课程体系

根据大学生不同的专业特点、学习习惯、思维方式，设计有个性、有层次、有针对性的课程体系：一是修订人才培养方案，将绿色创新创业教育纳入学校人才培养的整体方案之中，把绿色生态及绿色创新创业教育思想与理念贯穿于公共基础课、专业基础课、专业主干课与综合实践课等教学全过程，实现绿色创新创业教育与现有课程教学有机结合、相互渗透，加深大学生对绿色创新创业的理解，提高大学生的社会责任感与绿色生态观；二是设置绿色创新创业课程群，利用国家的政策资源及各学科、专业的资源优势，优化现有课程体系，增设绿色生态学科与绿色创新创业专业，增加绿色产业的创新、生态产业的创业、数字技术与绿色营销等绿色创新创业相关课程群，以公共选修课、必修课等多种形式，设定绿色创新创业课时及实践学分，激励大学生的绿色创新创业热情，提高大学生的绿色创新创业实践能力。

3.4 实践平台：打造四大平台，优化大学生绿色创新创业实践

在绿色创新创业教育实践课程体系建构的基础上，整合校内外各方资源，引导大学生绿色创新创业方向，打造以优化大学生绿色创新创业实践为主导的四大平台：一是社团活动平台。依托绿色创业发展协会、绿色生态协会等生态创业型社团组建平台，组织开展绿色创业投资策划大赛等系列课外实践活动，激发广大学生的绿色创新创业热情。二是学科竞赛平台。依托绿色创业大赛、绿色创新设计大赛等各类以绿色为核心的科技竞赛打造平台，组织学生参加全区、全国“创青春”系列竞赛，培育学生的绿色创新思维，鼓励他们进行绿色创业模拟。三是创新实验室平台。依托创新开放实验室建设平台，引进各类生态创业企业进驻实验室，让学生在其中按教学计划进行实践和体验。四是校企合作平台。该平台依托学科专业特色，强化校企长期合作，共建专门的实习、实践基地，提升广大学生绿色创新创业实践操作能力。

3.5 孵化基地：建设综合孵化基地，提供绿色创新创业练兵场

依托地方经济及绿色产业特色，整合与发掘各方资源，建设绿色创新创业孵化基地：一是依托地方高新科技园、经济开发区、龙头企业等资源，与地方政府、企业联姻，采取校政校企联合、产学研一体发展模式，共建绿色创新创业综合实践基地；二是整合校内各方资源，建立“创想家”创业孵化服务中心、创业创新教育孵化园等，提供政策咨询、教育培训、资金扶持与项目评估等孵化服务，吸引广大学生入驻基地孵化；三是调动校外资源，争取社会的扶持资金、风投机构的投资基金与企业的合作投资等资源支持，为绿色创新创业项目孵化提供资金支持与物质保障；四是利用互联网+信息技术，建设绿色创新创业项目库，

打造绿色创新创业信息咨询平台，为大学生绿色创新创业提供网络化服务。

3.6 支持保障：政府与社会支持，绿色化师资与校园氛围保障

在高校大学生绿色创新创业教育实践体系的构建中，必须重视政府与社会资源的支持、绿色化师资团队与校园绿色创新创业文化的营造：一是政府与社会资源的支持。政府可成立绿色创新创业教育研究机构，出台绿色创新创业教育相关扶持政策，提供商业贷款贴息和项目无偿资助，免除大学生创办企业的工商注册费用，减免税收。社会各界可为绿色创新创业教育提供项目、资源等多样化平台与资金支持。二是设立绿色创新创业教育导师制，聘请绿色环保企业家、生态学专家到校任教，通过生态学理论研修、生态创业示范企业实岗挂职、学术交流、项目资助与境内外培训等方式，打造一支既有绿色生态创新创业知识又有绿色生态创新创业经验的师资团队。三是营造浓厚的校园绿色创新创业氛围，可以绿色论坛为载体，邀请生态文明企业家、绿色企业家与青年学生见面，解读与宣传国家绿色创新创业的政策法规，宣传绿色创新创业典型与案例；以学生社团为依托，开展绿色创意设计赛、绿色环保科技艺术节、绿色创业项目成果展示会等活动；以社会实践服务为平台，深入生态创业示范企业、生态工业园、创新创业生态园，开展社会调查和创新创业调研活动，营造倡导绿色创新创业的校园氛围。

参考文献

［1］陈淑娇.大学生绿色创业教育实践体系初探［J］. 创新与创业教育，2015（2）：177-178.

［2］李俊，龚胜意.关于大学生绿色创业教育的若干思考［J］. 学校党建与思想教育，2015（20）：95-96.

［3］吴鼎福，诸文蔚.教育生态学［M］. 南京：江苏教育出版社，2000.

［4］谢建召，宋超，陈淑娇.生态视域下大学生绿色创业教育初探［J］. 宁波工程学院学报，2014（4）：106-109.

广西中小型科技企业融资渠道创新研究

孙翠艳

(广西财经学院)

摘　要　作为广西国民经济的重要力量，中小型科技企业的发展备受关注。融资难，尤其是融资渠道匮乏与滞后，严重制约着中小型科技企业的发展。本文结合广西中小型科技企业融资渠道现状，分析目前其在融资渠道方面存在的突出问题及原因，并据此为广西中小型科技企业融资渠道的创新建言献策，以期推动广西中小型科技企业跨越瓶颈，进入全新的发展阶段。

关键词　广西中小型科技企业　融资渠道　创新

有资料显示，中小型企业在各国国民经济发展中均占据重要地位，在部分发达国家和地区，中小型企业所占比重甚至超过了90%。其中，中小型科技企业发挥着主力军的作用。由此可见，重视中小型科技企业的发展与成长至关重要。然而，相对于发达地区而言，广西中小型科技企业分散且规模小、技术创新能力不足。虽然区政府采取了诸多措施来解决上述问题，但是其提供的资金支持无法满足中小型科技企业技术成果转化和商品化的需求，于是，中小型科技企业只能求助外部资金，而滞后的融资环境使中小型科技企业外部融资处处碰壁，严重阻碍了中小型科技企业的进一步发展。

1.广西中小型科技企业融资渠道现状

中小型科技企业融资渠道主要分为内源融资和外源融资。其中，内源融资主要包括企业主个人财产、企业留利、企业成员集资；外源融资又可分为三大类，即直接融资、间接融资和政策性融资。直接融资是指通过债券市场、股票市场、风险投资基金、金融租赁公司以及企业内融资机构等渠道进行融资；间接融资则是指通过国有银行中小企业融资部、中小银行进行融资；政策性融资渠道主要有财税扶持、政策性银行支持、中小企业发展专项基金以及中小企业贷款担保基金。

截至2016年，依据企业所处发展阶段，广西中小型科技企业融资渠道主要呈现以下特点：

第一，初创阶段的企业往往有较强的不稳定性，其对市场及技术的把握具有较强的不确定性。为了尽可能规避市场风险，处于这一阶段的中小型科技企业的融资渠道往往局限于内部融资，但仅凭内部积累难以解决企业发展所需的资金，这在一定程度上束缚了企业的发展。

第二，发展阶段的企业通常已经熟悉了市场情况，且技术日臻成熟。这一时期的企业融资主要用于生产产品以及产品的市场营销。相比初创阶段的企业而言，发展阶段的企业开始寻求外部融资渠道。

度过发展阶段之后，中小型科技企业逐渐转为中大型科技企业，因此本文不对后续阶段进行讨论。

综上所述，广西中小型科技企业融资渠道起初主要局限于企业内部，随着企业的不断发展，外部融资渠道逐渐得到重视。

2.广西中小型科技企业融资渠道存在的问题及原因分析

虽然广西中小型科技企业逐步意识到外部融资渠道的不可替代性，并努力寻求外部资金支持，但是效果并不理想。结合我国中小型科技企业目前的几种融资渠道，本节主要阐述目前广西中小型科技企业在融资渠道方面存在的问题(如图1所示)，并分析原因。

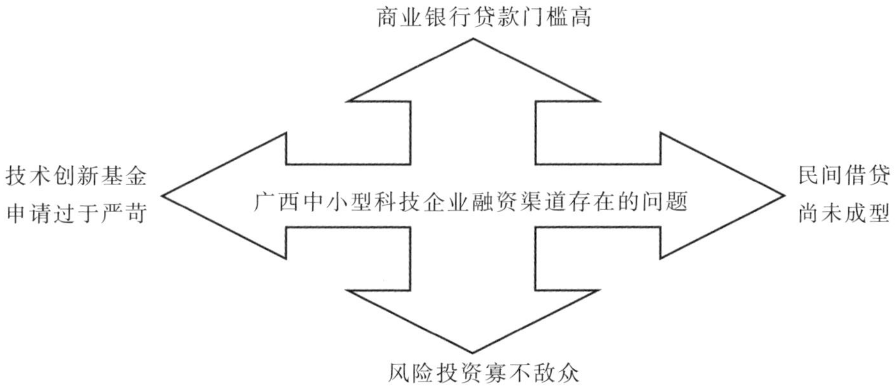

图1　广西中小型科技企业融资渠道存在的问题

2.1　商业银行贷款门槛高

据相关数据显示，广西仅有30%左右的中小型科技企业能够获得商业银行贷款，其余70%左右的中小型科技企业很难甚至根本无法获得银行贷款。由于商业银行的科技金融产品在一定程度上仍然遵循传统的银行业务模式，对于贷款对象的风险评估主要依据贷款资质评级。众所周知，中小型科技企业的特点是高风险、轻资产、高成长性，且贷款资质评级偏低。显然，商业银行的这一判定方法无形中将初创阶段和发展阶段的中小型科技企业的贷款门槛拔高了不少。

2.2 风险投资寡不敌众

顾名思义，风险投资就是指投资者在承担巨大风险的基础上进行资本投资。一般而言，投资对象往往是那些刚成立不久或者成长速度较快的新兴科技企业。高风险性致使风险投资公司对其投资对象有很高的要求，以最大限度保证其前期投入能够在后期获得高额回报。然而，中小型科技企业规模小、信用机制有待完善，加之我国目前风险投资公司数量有限，而中小型科技企业如雨后春笋般增速迅猛、数量众多，风险投资公司根本无法一一了解每家企业。因此，风险投资严重缺失具有一定的必然性。

2.3 技术创新基金申请过于严苛

为帮助中小型科技企业加快解决融资难的瓶颈，广西区政府建立了中小型科技企业技术创新基金。一方面，技术创新基金申请条件限制较多，直接将大部分中小型科技企业拒之门外；另一方面，为了获得技术创新基金的支持，部分中小型科技企业采取投机、钻空子的方法来满足申请条件，间接限制了其他有真正需求的中小型科技企业的入选。

2.4 民间借贷尚未成型

民间借贷是我国中小型科技企业进行外部融资的重要渠道，但是，由于相应的制度与法律法规不健全，广西中小型科技企业暂时尚未通过此种渠道融资。

3.广西中小型科技企业融资渠道创新探索

借鉴国内外解决融资难问题的有效做法，我们尝试从以下几个方面来解决广西中小型科技企业融资渠道单一、狭窄以及直接融资缺乏的问题：

3.1 创新金融体制，扩大融资规模

金融体制创新是有效拓宽中小型科技企业融资渠道的顶层设计。创新金融体制，建立多层次的股权融资、债务融资体系，帮助企业借助多层次资本市场实现上市、挂牌，进而实现融资渠道多元化。

3.2 健全相关法规，推动民间借贷

民间借贷的低进入要求对于中小型科技企业而言，极具吸引力，且能有效解决其资金需求。制定完善的民间借贷法律法规，能够极大地缓解中小型科技企业发展自己的资金需求。

3.3 创新担保方式，保障贷款无忧

实现担保方式创新，不再单纯地把企业规模、所有制形式作为贷款的评判标准，以多种方式为中小型科技企业提供担保贷款，如商铺经营权质押贷款、企业法人周转经营贷款等。

4. 结　论

中小型科技企业是未来经济发展的重要力量，但是由于经济发展和政策的限制，广西中小型科技企业融资渠道存在很多问题，进而使企业发展严重受限。在强调绿色融资的背景下，如何解决中小型科技企业融资渠道问题既是企业自身的责任，也是区政府的一项长期任务。

参考文献

[1] 陈丽娟. 科技型中小企业融资难的制约因素及对策 [J]. 商业会计，2016（3）：103-104.

[2] 秦江杰. 广西中小企业融资难问题研究 [J]. 科技信息，2011（19）：215, 225.

[3] 曲红燕. 融资渠道创新与我国移动互联网产业发展 [J]. 财政金融，2015（5）：33-35.

农产品电商的员工持股融资风险浅析

邓倩芳　汤佳颖

（广西财经学院）

摘　要　在“大众创业，万众创新”的时代背景下，不少创业者将机遇瞄准农产品电商行业。由于行业的特殊性，农产品电商在起步时期通常会面临融资问题，而不少电商企业以员工持股方式完成融资。由于我国员工持股制度还不成熟，无形中增大了这一融资渠道的风险。本文仅对广西农产品电商的员工持股融资风险进行浅析，以期抛砖引玉，促进这一融资渠道的发展与完善。

关键词　农产品电商　员工持股融资　风险

员工持股制度最早源于美国，该制度的产生在某种程度上来说是现代社会发展所导致的企业管理创新的产物。如今，在“大众创业，万众创新”的时代背景下，创业企业在起步时期通常会面临外源融资难的问题，由此，员工持股制度逐渐被视为创业企业的一种融资渠道。

员工持股制度虽然可以提高员工的积极性，吸引更多优秀人才加入企业，同时在一定程度上亦可降低人工成本，提升企业效益，但是，由于我国员工持股制度产生较晚，制度设计不同、行业差异巨大、法律政策不完善等无形中增大了这一融资渠道的风险。本文仅对广西农产品电商的员工持股融资风险进行浅析，以期抛砖引玉，促进这一融资渠道的发展与完善。

1.广西农产品电商员工持股融资现状

我国是农产品生产大国，也是农产品消费大国，农产品的供产销问题一直是民生热点。随着互联网时代的到来，《国务院关于积极推进“互联网+”行动的指导意见》和《国务院关于印发促进大数据发展行动纲要的通知》颁布后，农产品电商与大数据的融合俨然成为发展趋势。

就我国的电商热点产品而言，农产品是继图书、服装、3C之后的新热点，但是我国4 000多家涉农交易类电商中，盈利的只有1%；加之农产品有天然的地域性与周期性，受不可抗力的自然因素影响较大，由此，各路资本对农产品电商依旧持观望态度。即使国家及各地区的政策、意见都鼓励其发展，例如《广西科技创新"十三五"规划》明确提出，要"大力发展农村电商以及旅游电子商务服务技术研发与应用示范"，但是截至2016年，农产品电商的融资情况不容乐观，资金的缺乏使得其很难顺利发展。

为解决融资难题，广西不少农产品电商采用员工持股这一内源融资方式，主要以员工现金出资购股、工资（奖金）结余量化和公益金转化购股、专有与专利技术折股等形式完成员工持股融资。该融资方式不需要向银行、民间借贷机构等寻求资金，减少了高利息和因企业暂时周转不灵而无法按时偿还等风险，也避免了从外部无法融资的尴尬。

2.农产品电商员工持股融资的风险

2.1　信用风险

当员工与管理层信息不对等时，经营者可能在员工不知情的情况下，把固定资产、专利技术等进行所有权变更，造成持股员工的资产损失，使得员工对管理层不再信任。广西初创的农产品电商多采取员工个人出资认购股份的方式完成员工持股融资，这一情况可能导致员工对所持股份产生质疑，进而将股份转让或者出售，如此则可能引起公司内部治理结构变动、公司的资产结构变动等，进而影响公司的正常经营。

2.2　操作风险

由于许多农产品电商都是初创公司，企业内部的相关制度可能不够完善，内部控制未能建立起来，部门设立不够合理，资金的管理还不够严格；同时，管理层将更多的精力放在公司的经营方面，可能不会成立专门的员工持股委员会或者委托第三方机构管理股份，甚至会出现只开收据不签合同的情况。一系列的操作不当会使得初创的农产品电商企业在进行员工持股融资时引发权责不明晰、管理层变动、经营受影响等风险。

2.3　流动性风险

由于农产品电商鱼龙混杂，兼并重组、破产倒闭等情况时有发生；同时，农产品有其天然的地域性与周期性，受不可抗力的因素影响较大，员工所持股份发生减值损失的风险相应增大，当持股员工决定出售或者转让股权时，初创电商企业可能会受到决策、经营上的冲击。此外，如果员工持股计划在可办理退出的期间出现投资者巨额赎回，公司可能没有足够的现金应付，亦会出现流动性风险。

3.应对措施

3.1 完善员工持股融资制度

制度的完善与有效关系着员工持股融资是否能顺利进行下去。农产品电商可以聘请专业的咨询公司为其量身定制员工持股融资制度。这样可以避免在融资过程中及融资后资金使用等方面走弯路，一份设计完善的制度不仅能够保证融资顺利进行，从长远来看，还能够有效地节省人力成本及资金成本。

3.2 对于员工持股融资进行专业管理

农产品电商可以考虑成立专门的员工持股委员会或者委托第三方机构管理股份，对员工持股融资进行专业管理。这样做能够增强资金使用的有效性及公平性，可消除员工对于自己股份的疑虑，同时能够让员工认识到所持股份的价值，进而增加员工对所持股份的信心，减少股份的变化。对于公司来说，专业的管理能够促进公司内部治理结构规范，资金的使用、管理及股份的分红都能得到有效的设计与监督。

3.3 完善相关法律、政策

从长远来看，员工持股不仅是一个融资渠道，更是一种制度建设。有效的员工持股制度不仅能实现内源融资，省去外源融资的人力和资金成本，还能提高员工的主人翁意识，提高员工的工作热情。但现在员工持股方面的立法还不够完善，员工持股委员会的地位未得到法律的认可。在税收方面，建议出台相关税收优惠政策，若员工分到红利或者追加股份，能够免税或者有一定的优惠，那么员工的积极性也会大大增加，公司的发展也会得到一定的保障。

4.总　结

随着时代的发展，融资策略的创新使得越来越多的融资方式被企业所应用，但是如何防控这些尚未完全成熟的融资方式所带来的风险，则是需要被关注的问题。由于作者水平有限，本文仅对农产品电商的员工持股融资风险进行分析，希望能够引起企业界与学者们的关注，使得员工持股融资能更好地被应用。

参考文献

[1] 郭四代，何志刚，付露斌．员工持股：创业企业内部风险分担机制的创新 [J]．科

技创业月刊，2004（11）：33-35.

［2］刘盼. 关于员工持股计划风险分析——以OF员工持股计划为例［J］. 商，2016（7）：198.

［3］佚名. 互联网+“三农”，不止是农村电商［J］. 农家之友，2015（7）：19.

［4］王震良，崔毅. 员工持股融资的理论分析与操作设计［J］. 科技进步与对策，2003，20（2）：131-133.

［5］杨欢亮. 职工持股在中国的发展——理论实践与对策［J］. 成都：四川大学，2004.

科技创业商业模式研究
——以华为为例

黄晓兰　江鹏飞

（广西财经学院）

摘　要　创业为社会经济增添活力，科技创业为建设创新型国家提供坚实的基础，支持科技创业是国家经济转型的必然选择。在新形势下，我国积极推动经济转型，发展创新经济。2015年的《政府工作报告》中明确提出，要大力推进大众创业、万众创新，为创新创业提供政策上的支持。报告中还提到，激发创造活力，发展创新型企业，支持科技创业。科技创新创业是经济发展的需要，也是时代的趋势。今天的科技创业要有技术的创新和创业模式的创新，这样才能在激烈的竞争中生存。创业企业的商业模式则决定企业的生存空间与发展速度。本文以华为的发展为例，研究华为的商业模式，探讨华为商业模式的创新与成功之处，给初创企业商业模式的建立带来一些思考与启发。

关键词　科技创业　商业模式　华为　创新

1.引　言

创业企业在经济活动中具有重要的作用。国家大力提倡“互联网+”创新创业，创业政策、创业资金的支持营造了良好的创业环境，加上互联网的普及，科技创业的门槛有所降低，科技创业成为创业者的首选。在传统产业面临危机的今天，互联网行业焕发出新的生命力，以互联网为代表的科技创新也快速发展。如今，互联网行业已经成为我国经济结构中增长最快的行业。

构建创新型商业模式对创业企业的发展具有重要的意义。创业存在风险，资源匮乏或者团队能力不足等，使科技创业企业的存活率低下，更深层的原因是没有一个好的商业模式。要在竞争中突围，就要有创新的商业模式。好的商业模式能够捕捉市场机会，合理配置有限的资源，实现利益最大化，利用有限的资源创造更大的价值。

由此可见，商业模式对创业企业的生存、成长与发展具有重要的意义。创业企业在发展初期面临竞争对手的挤压，要生存、发展就要创新商业模式，在创新过程中培养企业的文化，调整发展战略。本文从成功的科技企业的商业模式切入，分析和总结成功的商业模式，这对减少初创企业的决策失误、提升企业的竞争力、提高初创企业的存活率具有重要的意义。

2.相关概念界定与研究理论基础

2.1　科技创业与商业模式的定义

2.1.1　科技企业的定义

对于科技企业的定义，许多学者都给出了自己的理解，综合起来，科技企业是指以科学技术为基础，通过科技投入，生产技术含量高的产品或提供科技服务的企业。技术密集、知识密集、人才密集是科技企业的显著特征，主营信息、电子、生物工程、新材料、新能源等产品或服务。

2.1.2　商业模式的定义

商业模式是一种寻找企业运营过程中涉及的一系列要素并建立它们相互之间的关系的商业逻辑。狭义的商业模式等同于盈利模式，广义的商业模式是包含生产模式、营销模式、销售模式、人力模式、管理模式、扩张模式、资本模式、盈利模式8个模式在内的完整的商业逻辑。本文的商业模式是指广义的商业模式。广义的商业模式包含了企业运营过程中所有的要素，完整地体现了商业逻辑。

2.1.3　创新创业的定义

传统的创业是创办新的企业，现在的创业包括了创新，即创新创业。创新创业是指运用自己所拥有的资源，发现并把握创业机会，通过提供新产品、新服务，创新商业模式，开辟新的市场，创办新企业或者为企业创造新价值的过程。

2.2　研究理论基础

2.2.1　亚当·斯密的市场经济理论

亚当·斯密在《国富论》中对市场经济进行了描述，他认为“看不见的手”操纵经济的运行，而市场供给和需求的变化就是市场竞争的机制。市场供需变化使有限的资源得以有效配置，使生产效益达到最大化。

2.2.2　迈克尔·波特的竞争理论

迈克尔·波特的竞争理论认为，一个企业采取最低成本、差异化营销、市场集中三种战略，就能在市场竞争中处于优胜地位。迈克尔·波特的竞争理论为企业的战略定位提供了框架，为企业创新商业模式提供了理论基础。

3.科技企业商业模式研究现状

3.1 国外科技企业商业模式相关研究

随着科学技术的发展，科技企业的商业模式也不断创新，国外许多学者从商业模式的创新出发，探讨创新科技企业商业模式的途径。

Linder和Cantrell根据是否改变企业原来的商业逻辑，把商业模式创新分为挖掘型、调整型、扩展型、全新型四种。

Osterwalde则把商业模式创新分为三类，分别是存量型创新、增量型创新和全新型创新。存量型创新是通过新的方法或途径获取新的资源，扩大采购规模，达到降低成本的目的。增量型创新是在商业模式中添加要素或者精简结构，创新商业模式。全新型创新是打破原来的商业模式，运用新的技术和方法重构商业逻辑。

根据商业模式创新的程度及可持续性，Mahadeva把企业分为当前领导者、趋势创造者、新进入者、模仿者和跟随者，并着重讨论了前三者的创新策略。

3.2 国内科技企业商业模式相关研究

截至2016年，国内学者对科技企业商业模式展开了一系列研究。

王云美（2010）指出，企业商业模式的核心是外部价值链与企业内部价值链的结构与匹配性，根据企业外部价值链的情况来建立企业内部的价值链，并构建适合自己的外部价值链，形成有特色的商业模式，达到充分利用外部资源与发挥自身优势的目的。

李朝伟（2011）根据创新的生命周期，把商业模式的创新分为三种：第一种是商业模式的原始创新，是以没有出现过的商业模式提供产品或者服务的创新。第二种是模仿创新，即高度模仿其他企业的商业模式，或者引进先进的商业模式。第三种是持续创新，是企业在发展过程中始终保持商业模式创新，也称为企业的创新文化。

3.3 我国科技企业商业模式现状

通过文献梳理与归纳，笔者发现我国科技企业商业模式具有整体性、差异性、客户导向性等特点，主要有以下三种：

一是产品导向型。采用这种商业模式的科技企业一般都把企业的资金和人力资源投入到新科技或者新产品的开发中，以高科技或者高品质的产品征服消费者，进而打开市场。企业注重产品的开发，商业模式也以产品为中心。华为就是产品导向型企业的代表，其拥有强大的研发实力、自主创新能力，通过创新产品打开市场。

二是需求导向型。这种商业模式主要体现在产品的营销方面，企业在深入挖掘目标消费者的需求后，调整生产策略或产品设计。OPPO手机的热销就归功于OPPO采用了需求导向型商业模式，其“线下渠道+电视广告+明星代言”的营销策略开拓了女性手机市场。

三是市场导向型。这种商业模式通常运用市场机会获得新资源，其代表是小米，小米借助互联网的东风，采取饥饿营销策略，在短时间内迅速崛起。

4.华为发展现状及商业模式

4.1 华为简介

华为于1987年在深圳注册成立，总部位于广东省深圳市龙岗区，是一家生产、销售通信设备的民营科技公司。其产品主要涉及通信网络中的交换网络、传输网络、无线及有线固定接入网络、数据通信网络及无线终端产品，为世界各地的通信运营商及专业网络拥有者提供硬件、软件、服务和解决方案。2016年，华为有17万多名员工，业务遍及全球170多个国家和地区，服务全世界1/3以上人口。

4.2 华为发展现状及商业模式

4.2.1 发展现状

华为的产品和解决方案已经应用于全球170多个国家和地区，服务全球运营商50强中的45家及全球1/3以上人口。2015年，华为实现销售收入3 950亿元人民币（按年末汇率折为608亿美元），同比增长37%；净利润达3 691亿元人民币。2016年上半年，实现销售收入2 455亿元人民币，同比增长40%；营业利润率增长12%。2016年，研究机构Millward Brown编制的Brand Z全球100个最具价值品牌排行榜中，华为从2015年的排名第70位上升到第50位。

4.2.2 商业模式

华为突出的商业模式是以人海战术为基础的产品创新。在华为的员工构成中，80%是技术人员，崇尚加班文化，而华为主要的特点就是产品研发，因此降低了研发成本。技术人员做销售，能够高效解决产品出现的问题，提高用户体验，赢得口碑。

4.3 华为与其他科技企业商业模式的比较

4.3.1 华为商业模式的创新

华为的商业模式创新主要体现在以下两方面：

第一，融资模式与产品研发相结合。华为利用主业务的研发和营销平台培养新产品，当新产品研发成功后，就将其出售或者出让一部分股权，获得资金；然后将营业外收入投入核心产品的研发和市场开发，这样一来，单位产品的研发成本和销售成本就大大降低了。

第二，人才引进与持股激励创造狼性企业文化。华为每年都招聘大量的应届毕业生，这些人要通过严格的培训和考核才能进入华为，他们为企业注入了新鲜血液。除了人才引进和培养，华为最著名的就是员工持股。华为崇尚狼性企业文化，同样也给勇者回报，这激发了员工的积极性，使企业焕发生机。

4.3.2 华为商业模式的不足

随着科技的进步和互联网的不断发展，华为商业模式也面临着挑战。在新技术的推动下，产业融合加剧，产业之间的界限越来越模糊，互联网技术将挑战传统制造业。华为商业模式容易发生技术饱和的风险，一旦应用跟不上技术，就可能导致技术领先市场。其他国家和地区的工业4.0计划将使中国制造业失去成本优势和速度优势，而华为缺乏除销售和研发以外其他必要的商业能力，如战略规划、收购兼并、引领创新，以及风险内控等。

5.华为创新商业模式影响因素分析

5.1 企业文化

华为成功的原因有许多，其中狼性企业文化是重要的原因之一。华为的企业文化来源于长期的经验积累，强调团队协作。

5.2 企业战略

华为之所以能够超越众多竞争对手，发展壮大为世界500强企业，其发展战略是至关重要的。华为的企业战略可以概括为产品回报期战略、融资战略、竞争战略和人才战略。

5.3 企业制度

一个企业的高效运转和有效执行力是企业持续发展的关键，而维持企业的高效运转就要靠企业的规章制度。企业的规章制度是企业科学管理的必要条件。华为实行的是军事化管理，军事化管理有利于节约成本，提高效率。

6.华为创新商业模式对初创企业的启示

6.1 以人文本，创造企业文化

成功的企业都有自己独特的文化，企业文化是在不断的经验积累中形成的，是经验的制度化，是企业每个员工都认同的价值观和世界观。初创企业在企业发展初期主要解决生存问题，但是也要不断积累、不断学习，以大家的价值观创造属于自己的企业文化，加强员工的认同感，汇聚凝聚力。

6.2 科学决策，制定发展战略

在创业过程中，每一次决策都决定了企业的成败。这就要求企业管理者不断提高自身素质，培养战略思维，完善企业的决策制度，尽量避免决策失误。

6.3 引进技术，提高管理水平

不论是创业初期的企业还是成功的企业，管理都是永远的主题。在创业过程中，企业面临团队的管理、股权分配等一系列问题。当遇到问题时，请教有经验的企业家，从中学习管理技术和方法是成本最低的成长方式。

参考文献

[1] LINDER, CAMTRELL. Changing business models: surveying the landscape [R]. Cambridge: Accenture Institute for Strategic Change, 2000.

[2] MAHADEVAN. A framework for business model innovation [C] // IMRC 2004 Conference. Bangalore, India.December 16-18,2004.

[3] OSTERWALDER.The business model ontology—a proposition in a design science approach [D]. Lausanne :University of Lausanne,2004.

[4] 王云美. 创新型企业商业模式研究 [D]. 上海：复旦大学，2010.

[5] 李朝伟. 企业商业模式创新研究 [D]. 北京：北京交通大学，2011.

[6] 孔翰宁，张维迎，奥赫贝. 2010商业模式：企业竞争优势的创新驱动力 [M]. 北京：机械工业出版社，2008.

广西专利事业发展投入机制的优化策略分析

王　旦

（广西财经学院）

摘　要　本文着重研究促进广西专利事业发展的投入机制，了解广西知识产权的现状，分析广西知识产权投入中存在的问题，并结合当前先进国家和地区知识产权保护的具体做法对“十三五”时期广西知识产权保护投入机制提出政策建议。

关键词　专利事业　知识产权　投入机制

1.引　言

正如世界贸易组织与贸易有关的知识产权协议所表明的，以专利为重点的知识产权已成为利润之源，成为衡量一个国家、地区和企业财富与竞争能力的重要标志。专利作为知识产权的重要组成部分和创新成果的主要表现，具有排他、独占的特质，对促进区域产业升级、加速区域经济增长、协调区域经济发展有着举足轻重的作用。据统计，2015年广西专利申请受理量和授权量分别为43 680件和13 571件，同比增长35.26%和40.44%。其中，发明专利受理量和授权量分别为30 807件和4 018件，同比增长38.56%和107.97%，发明专利受理量首次进入全国前10位；每万人口发明专利拥有量为2件，同比增长65.44%，全国排名比上半年提升5位，居全国第20位。广西专利事业不断发展，有力地支撑了全区产业结构调整及经济转型。影响知识产权产出的因素有很多，其中投入是主要因素，因此如何优化促进专利事业发展的投入机制、调整投入总量和结构、整合部门职能加强管理、进行有效投入则成为当前国家和地区知识产权部门需要思考的问题。

“十二五”时期，广西为大力加强以发明创造为重点的自主创新，有效促进科技创新成果专利化，增强经济核心竞争力，在全区范围内实施了发明专利倍增计划，从科技项目发明专利、创新平台发明专利、知识产权优势企业发明专利等方面提出了倍增计划，并通过一系列鼓励措施加强引导。例如，在专利申请、发明专利年费等方面提供资助，对专利授权者给予奖励，通过资助和奖励支持企业引进发明专利进行再创新等，并提出“十二五”时期落实知识产权经费2.2亿元，积极发展代理机构和交易平台，实现专利倍增。因此，研究促进专利事业发展的投入机制有利于知识产权经费投入的规模合理、结构合理，以便发挥支持资金的最大价值。

2.专利事业发展投入机制理论分析

2.1　专利事业发展投入主体及动因分析

资金投入是知识产权发展的动力与源泉，知识产权经费投入的数量和使用效果直接影响知识产权的发展，进而影响专利事业的发展。因此，在知识产权发展的过程中，需要多元主体参与，当前的经济主体包括政府、企业等社会组织和个人。经济主体的多元化导致现代经济以混合经济形式存在，这就需要政府机制、市场机制与社会机制有机配合，使不同经济主体在不同领域中运行，这样才能有效促进科技创新，实现资源有效配置，进而满足社会经济发展的需要。

知识产权引发的科技创新投入机制主要包括三种类型：第一类是政策性资金，主要来源于政府。政府通过财政支出引导社会相关部门进行专利发明创新，起到引导、协调和控制作用。其投向主要有企业、高等院校、科研机构等。第二类是市场性资金，来自企业和各类金融、风险投资机构。在现今国家创新体系下，企业资金的投入主要面向具体的科研创新活动，或者是产学研相结合的领域，通过研发新产品或改进技术获得收益，主要以利益为导向。各类金融、风险投资机构的资金投入主要面向企业，通过为企业的技术创新提供启动型、融资型和风险型资金，获取投资回报。第三类是社会性资金，主要来源于高等院校、科研院所和社会各类非营利性组织，这些机构和组织基于自身的职能，通过科技研发来支持和发展创新活动，服务地方经济社会发展。此外，还有一些个人提供的资金。各投入主体及其投入动因可以概括为图1。

由于不同主体对知识产权发展的投资动因不一样，所带来的效果也会不同。不同主体的投资效果受多种因素的影响，不同时期投资的主要渠道也会不同。众多学者在对科技投入进行研究时发现，政府和企业作为科技投入的主要力量，其对科技研发的投入与经济发展水平有关。张缨（2007）通过研究发现，科技投入模式与国家经济发展水平，特别是工业化发展水平有着密切的联系。随着工业化发展阶段的不断演化，科技投入模式也呈现不同的形态，一般会表现出如下规律：在工业化发展初期，政府对科技的投入起主导作用；在工业化发展中期，企业对科技投入的比重逐渐增加，形成政府和企业双主导型模式；在工业化发展后期，政府对科技的投入逐渐弱化，科技投入以企业为主，形成企业主导型模式。因此，本文进行如下推导：在知识产权事业发展的不同阶段，对其投入的模式也会有所不同。在知识产权事业发展初期，政府投入占大部分，起到引导、推动作

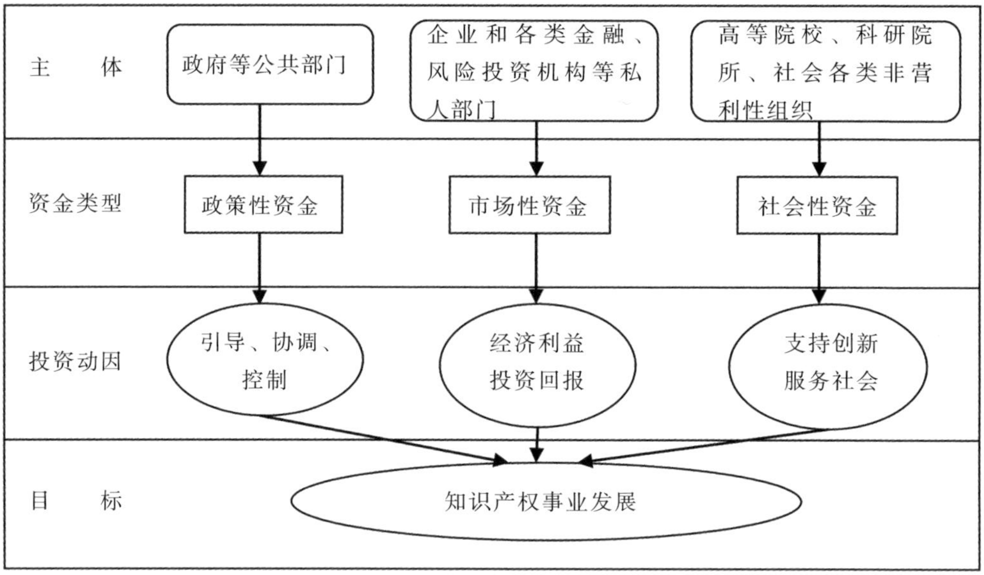

图1 促进知识产权发展的投资主体与动因

用；在知识产权事业发展中后期，企业投入将逐渐增加，形成政府和企业双主导型模式，最终将过渡到企业主导型模式。

2.2 专利事业发展投入机制分析范围界定

投入机制是指各投入主体为实现知识产权发展目标而相互作用、相互影响的作用方式，包括投入经费、人员和结构等。本文在对促进广西专利事业发展的投入现状进行描述时，即对投入量、投入来源、投入方式、投入结构等方面进行研究时，重点研究省级财政支持知识产权发展的经费投入。

我国政府支持知识产权发展的经费投入渠道和形式较为复杂，统计口径也不一致。因此有必要对政府在知识产权上投入的经费进行界定。2008年颁布的《国家知识产权战略纲要》提出，为提升我国知识产权创造、运用、保护和管理能力，建设创新型国家，中国知识产权事业从创造、转化运用、法制建设、执法水平、行政管理、中介服务、人才队伍、文化建设、对外交流等九个方面大力推进，从这九个方面确定知识产权财政支出的方式和结构。通过广东、上海、江苏、北京等地知识产权局的年度决算的统计科目可以发现，大部分地区知识产权事务（款）的投入包括行政运行、国家知识产权战略、专利试点和产业化推进、专利执法、国际组织专项活动、知识产权宏观管理、事业运行、其他知识产权事务支出等。

“十二五”时期，为全力支持广西专利事业的发展，区政府研究制定了《广西壮族自治区专利申请资助和奖励暂行办法》《广西专利服务发展专项经费管理暂行办法》《广西发明专利技术引进经费管理暂行办法》，并根据每年的支出情况确定了自治区级财政知识产权经费投入的方式，主要包括专利资助和奖励经费、发明专利技术引进专项经费、专利服务发展专项经费、专利质押融资引导专项经费、知识产权事业费、发明专利创造与示范运用经费、广西发明专利创造展览交易会经费等7项。

3.广西专利事业发展投入现状分析

3.1　广西专利事业发展投入机制现状分析

“十二五”时期，广西设立了广西知识产权专项经费，计划为促进知识产权发展投入经费2.2亿元。根据广西科技厅的数据，2012—2014年自治区级财政设立的知识产权经费如表1。

表1　2012—2014年自治区级财政设立的知识产权经费　单位：万元

编号	项目名称	2014年（预算）	2013年	2012年
1	专利资助和奖励经费	1 300	1 000	780
2	发明专利技术引进专项经费	500	1 100	720
3	专利服务发展专项经费	2 000	3 850	440
4	专利质押融资引导专项经费	2 100	—	—
5	知识产权事业费	330	330	330
6	发明专利创造与示范运用经费	1 100	1 000	700
7	广西发明专利创造展览交易会经费	900	900	450
8	总　计	8 230	8 180	3 420

注：2013年，广西知识产权经费增加了用于试点示范城市、强县工程的经费，这一经费在序列6“发明专利创造与示范运用经费”中体现，共600万元。

由表1可知，广西财政用于知识产权投入的经费在规模上保持不断增加的趋势，投入项目明确，这得益于广西在“十二五”期间大力实施发明专利倍增计划。倍增计划明确指出，加大对发明专利的资助与支持力度，促进专利创新成果转化等，确保这一时期知识产权经费规模的扩大。2012年，自治区级财政设立的知识产权经费仅为3 420万元，财政性知识产权专项投入占政府R&D投入的比重仅为0.352%。2013年，自治区级财政用于知识产权的经费达到8 180万元，比2012年增长了一倍以上，特别是专利服务发展专项经费由原来的440万元增长到3 850万元，为提高知识产权相关部门的服务水平发挥了积极作用，有利地促进了中小企业、风险投资企业和研发机构对知识产权的有效利用，为地区知识产权创造、确权、管理和商业化奠定了基础。2014年，自治区级财政用于知识产权的经费预算为8 230万元，增加了专利质押融资引导专项经费这一项目，丰富了知识产权专项经费的内涵。总体来看，近年来，财政用于知识产权的投入力度不断加大，而且将继续加大。

3.2 广西专利事业发展投入机制存在的问题

尽管广西在“十二五”期间对知识产权的经费投入逐渐增加，财政性知识产权专项投入占政府R&D投入的比重也逐渐增大，但广西专利事业发展投入机制依然存在以下问题：

（1）知识产权经费主要来源于本级财政拨款，难以满足专利事业发展的需要。2013年，自治区级财政知识产权经费达到8 180万元，比2012年增加了4 760万元，知识产权经费财政投入绝对量逐年增加，但依然难以满足专利事业发展的需要。广西知识产权经费有限，难以全面顾及各地级市的专利事业发展；财政投入不利于激发企业、高等院校和科研机构进行发明创造的积极性，限制了知识产权部门行政人员在专利审批、保护和管理方面的积极性，难以推动广西专利事业的整体发展。

（2）知识产权经费结构不合理且过于分散，经费分类界限模糊。自治区级财政知识产权经费尽管年年有增加，但在其分配过程中要照顾各个项目，造成知识产权经费在资金安排、使用等方面存在需要投资的项目多、资金过于分散、重点支持不足、效能不高的问题，难以形成集聚效应。这种均等化的资助不利于重大技术研究与项目开发。各项经费分类界限模糊，且大多数是普惠制，难以调动起发明创造的积极性，更难体现财政投入“四两拨千斤”的导向作用。如发明专利技术引进专项经费主要用于支持企业以专利权转让方式从自治区外受让、实施并消化吸收再创新发明专利，使企业在引进先进适用关键专利技术的同时，能吸收消化再创新申请专利，但在实际操作中，该项政策少有人知，该项经费在使用过程中难以名副其实。与此同时，专利质押融资引导专项经费本来用于专利质押融资的知识产权评估、风险担保、贷款贴息等，以降低企业专利质押融资服务成本，促进专利权市场化运用，但在目前的操作中，主要集中在鼓励商业银行开展专利权质押贷款等业务、对相应贷款业务进行贴息上，这使得科技成果难以转化，不能真正实现专利技术的商品化和产业化。

（3）知识产权经费管理不完善，缺乏必要的监管机制和绩效评价机制。一方面，目前广西知识产权经费管理主要采用单一项目管理和核算模式，主要依据科研计划或专项资金的相关办法进行，缺乏统一的监管规定和监管细则，监管力度不够，使得知识产权经费管理滞后于形势的发展；另一方面，目前广西对知识产权经费投入的绩效评价处于起步阶段，缺乏规范和科学的绩效评价方式，加之知识产权经费投入绩效评价难以量化，因此有待进一步探索。

（4）知识产权经费投资主体单一，没有全面调动社会主体的积极性。目前广西促进专利事业发展的投入主要来源于政府和企业的科研经费投入，只有少数企业单独设立了专利发明经费。大多数企业、个人、事业单位知识产权保护意识薄弱，知识产权法律保障缺失，对专利进行培育之后难以获得收益，这些因素使得企业、个人、事业单位对专利事业发展的投入都比较少。尽管近年来银行对发明专利提供融资贷款，但依然没有全面调动社会主体的积极性。

（5）知识产权经费投入方式单一，主要以无偿拨款、事前补助为主。广西对知识产权专利事业的资助方式一般是无偿资助和奖励，即采用直接的无偿拨款方式，这造成资金使用主体风险意识淡薄，缺乏必要的约束，难以实现资金的有效利用。我们建议，应该巧妙使用有偿资助和无偿资助方式，根据专利项目的收益和公共性，确定不同的资助方式，风险共担，确保资源的优化配置。

4.广西专利事业发展投入机制的优化策略

4.1　建立和完善多元化投入机制

科技投入经费的来源包括政府资金、企业资金、金融贷款和其他资金。其中，其他资金主要包括私人机构和金融、风险机构的资金。广西促进专利事业发展投入机制应该将政府引导和市场资源配置相结合，以市场资源优化配置为基础，加入政府主动、适度、结构合理、管理高效的政策有效引导，形成以政府投入为主导，企业投入为主体，金融、社会投入为辅助的多元化、多渠道投入机制，确保专利创新发展新格局。

4.2　转变专利投入机制方式

转变专利投入机制方式，将事前资助方式和事后资助方式、前期资助和后期补助相结合，最大化资助效果。为提高经费投入的效率，可以结合项目的特点和需求采取不同的资助方式。比如，对于事关国家重要战略的专利发明采用事前资助方式，对于以市场为导向的专利发明项目则可以鼓励企业等相关机构先行投入，组织研发实施，政府进行后期资助。

4.3　促进广西专利事业发展投入结构调整

中央政府、地方政府，以及地、市、区、县级政府应根据不同时期知识产权发展的需要提供经费和政策支持，进行合理分工，依托优势资源和特色产业，转变财政投入结构。例如，围绕我区新兴产业重点投入，针对国家区域经济发展战略中涉及的北部湾经济区、珠江-西江经济带、左右江革命老区等，转变投入的区域结构。

4.4　构建知识产权人员培养、激励机制

专利事业的发展离不开人才，广西应构建知识产权人才培养、激励机制。通过设立知识产权人才培养开发专项基金，培养紧缺人才，奖励优秀人才，引进高层次人才，留住现有骨干人才；建设知识产权人才培养基地，开展校企合作；完善知识产权专业技术资格评价体系，通过专业技术资格考试和评审工作，将知识产权评审工作规范化和标准化；制定“知识产权特派员”制度，加强知识产权专家与企业的交流合作；拓宽人才培养方式，通过信息化手段加强知识产权人才培养工作。

4.5　建立促进知识产权发展投入的绩效和监督机制

建立适应广西知识产权事业发展投入的绩效和监督机制，从投入方式、结构的合理性、投入效率和效益两方面建立科学合理的知识产权投入绩效评价体系，并实行全过程管理。加强工商局等经济社会监督部门与广西科技厅、广西知识产权局和各地市知识产权局等共同监督的力度，加强监督工作的合规性和全面化，将监督工作与法律法规相结合，对投入资金和投入产出结果进行全面评价和监督，优化监督效率。

5. 结　论

广西专利事业发展投入机制存在以下问题：知识产权经费主要来源于本级财政拨款，难以满足专利事业发展的需要；知识产权经费结构不合理且过于分散，经费分类界限模糊；知识产权经费管理不完善，缺乏必要的监管机制和绩效评价机制；知识产权经费投资主体单一，没有全面调动社会主体的积极性等。针对这些问题，广西促进专利事业发展需要建立和完善多元化投入机制，转变专利投入机制方式、进行结构调整，构建知识产权人员培养、激励机制，建立促进知识产权发展投入的绩效和监督机制，确保投入产出效果最佳。

参考文献

[1] 吕薇. 全面发挥知识产权制度的作用　提高国家整体竞争力 [J]. 中国科技产业，2005 (7)：32-36.

[2] 肖小溪. 法国政府研发经费投入机制及对我国的启示 [J]. 中国科技论坛，2014 (11)：11-15.

[3] 张缨. 芬兰政府科技投入体系对我国的借鉴意义 [J]. 高科技与产业化，2007，3 (6)：88-90.

多层次资本市场
——广西科技创新企业的融资建设

韦春贝

（广西财经学院）

摘　要　广西肩负中国-东盟自贸区、海上丝绸之路经济带建设的新使命，无疑需经济再次实现跨越式发展。科技创新是经济增长的关键动力，广西要积极引导和鼓励科技创新创业。高投入是科技创新的重要条件，多层次资本市场是其重要的资金供给平台，日益完善的中国多层次资本市场日渐成为企业科技创新的助推器。通过除主板、中小板外，还有创业板、新三板、区域性股权交易市场等资本市场的支持，科技创新型企业才能做大、做强。本文就广西资本市场的发展现状进行分析，发现广西资本市场在对科技创新企业的支持中存在的问题，为完善广西多层次资本市场和服务广西创新驱动发展战略提出建议对策。

关键词　科技创新企业　广西多层次资本市场　创业板　新三板　区域性股权交易市场

1.引　言

1.1　研究背景

习总书记说过："创新是引领发展的第一动力。""十三五"提出支持创新创业企业进入资本市场融资，深化创业板市场改革。2015年是我国大众创业、万众创新启动之年，科技创新企业得到了大力发展。

《中国科创企业2016展望报告》指出，科技创新企业在各阶段都离不开资金投入，81%的企业认为融资环境艰难，具有挑战性。由于经济发展水平、体制机制等差异，我国不同省份资本市场对科技创新企业的影响效果亦参差不齐。广西作为我国面向东盟的对外窗口，科技创新和经济发展却落后于发达省份。为增强广西科技创新能力和加快经济的可持续增长，需对资本市场对科技创新的支持进行探索和研究。

1.2 研究意义

20世纪90年代以来，成熟的资本市场使得美国高新技术产业获得巨大的发展，华尔街和硅谷成为推动美国技术创新的强大引擎。

无疑，有效的资本市场是推进科技创新的重要保障。党的十八大以来，我国大力完善多层次资本市场来支持企业科技创新，研究什么样的多层次资本市场能更有助于科创企业的壮大具有重要的理论和现实意义。除主板、中小板外，创业板、新三板和区域性股权交易市场等近年来逐渐活跃，因此本文结合现实，着重从创业板、新三板和区域性股权交易市场分析其对科技创新企业的影响，探讨广西的多层次资本市场如何促进企业技术创新和存在什么问题，为广西的科技创新企业需要什么样的资本市场支持提供政策性建议。

2. 文献综述

2.1 国内研究情况

随着科技创新产业的发展，国内学者对我国科技创新企业融资的研究逐渐展开。张育军（2006）对我国资本市场的情况与创新所需条件进行了分析，得出多层次资本市场是提高企业自主创新能力的基础与保障等结论。陈功（2011）通过企业资本结构理论来分析我国企业技术创新过程中融资需求的问题，提出构建中国的多层次资本市场为企业的发展以及技术创新活动提供融资工具的建议。

2.2 国外研究情况

国外学者认为通过资本市场股权融资可较好地解决高新技术企业融资难题。Bolton和Freixas认为，初创期的高科技企业可通过股权融资获得资金。Martinsson以700多家在欧洲公开上市的高科技企业的数据为样本，证实了Bolton和Freixas的结论，并提出以资本市场为主的金融体系对科技企业的支持力强于以银行为主的金融体系。Dariusz（2008）指出，资本市场可以为创新型企业提供更多的投资和成长机会，在资本市场上市可以改变企业的融资结构。

3. 广西资本市场对科技创新企业支持的现状

3.1 我国多层次资本市场

我国的多层次资本市场分为五个板：主板和中小板是一板；创业板是二板；全国性场外市场是三板，俗称“新三板”；区域性股权交易市场属于四板，是为特定区域内的企业提供股权、债券的转让和融资服务的私募市场；产权交易市场是五板。

资本市场既是资金供求双方直接的联姻，也为科技创新企业提供了解决资金周转问题以扩大生产经营规模的有效场所。我国科技创新企业融资方式如图1所示。

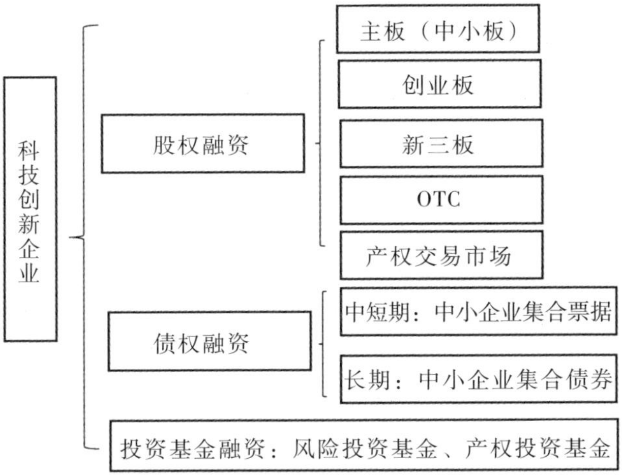

图1 科技创新企业在我国资本市场的融资方式

我国科技创新企业各阶段特点及与其对接的资本市场如表1所示。

表1 **科技创新企业各阶段特点与其对接的资本市场**

科技创新企业发展阶段	科技创新企业特点	对接的资本市场
种子期	需求量不大，但没收入，依赖外部资金投入	区域性股权市场、产权交易市场
初创期	规模较小，风险较高，外部融资较难；有部分经营收入，但远不能满足发展的资金需求	新三板、区域性股权市场，产权交易市场
成长期	高创新、高增长、高收益，获得投资者关注和部分银行的贷款	创业板、产权交易市场
成熟期	规模和利润趋于稳定；核心竞争力形成；风险较低	创业板、主板（中小板）、产权交易市场
衰退期	规模偏大，管理成本高；创新能力不足；市场占有率下降，收入递减	主板、产权交易市场

从图1和表1可看出，支持科技创新企业的我国多层次资本市场已初步建成。在科技创新企业从初创期到成熟期的重要阶段，创业板、新三板和区域性股权交易市场为企业的开创与持续发展提供了必不可少的融资渠道，下文对广西的这三个市场进行探讨。

3.2 广西多层次资本市场下科技创新企业的发展情况

3.2.1 广西多层次资本市场的发展情况

在全国资本市场的大布局下，广西资本市场也形成主板、中小板、创业板、新三板、区域性股权交易市场等的多层次格局。

2015年，广西直接融资总量为1 402.1亿元（不含地方政府债922亿元），同比增长213.50%。其中，上市公司IPO13.72亿元，上市公司增发329.9亿元，发行超短期融资券300亿元，短期融资券72亿元，中期票据125亿元，非公开定向债务融资工具161亿元，公司债券130亿元，企业债券25亿元，新三板挂牌公司融资27.45亿元，资产证券化47.52亿元，中小企业私募债170.5亿元。

随着广西多层次资本市场体系日益完备，投融资功能稳步提升，有力支持了实体经济发展，科技创新企业也加快了上市挂牌步伐。

3.2.2 广西多层次股权市场体系日益完备，直接融资规模不断扩大

第一，创业板的发展。2014年的最后一天，广西博世科环保科技股份有限公司首发获通过，成为广西第一家创业板过会的企业，实现广西企业在创业板上零的突破。

第二，新三板的发展。2015年，广西已有新三板挂牌企业33家，签约后备企业160余家，共有14家挂牌企业完成19次股权增发，募资22.43亿元。

在广西政府部门、证监局、金融办等部门推动下，中介机构与许多科技创新企业实现直接对接。另外，广西各级政府及高新园区出台专项补贴扶持政策，补贴金额基本覆盖企业挂牌成本，且广西享有民族地区免挂牌费用的优惠政策，企业借助新三板融资发展的意识大幅提高、意愿增强，挂牌企业积极开展定向增发融资。

第三，区域性股权市场的发展。广西北部湾股权交易所持续发展，南宁股权交易中心也已挂牌运营，地方股权融资体系不断完善。2015年，广西区域性股权市场挂牌企业达1 000家，共有10家中小微企业通过区域性股权市场私募融资2.02亿元，科技创新企业的直接融资新渠道也得到不断拓展。

4.对创新科技企业的支持中广西资本市场存在的问题

4.1 创业板市场风险管理不足

（1）创业板常遭到高估困扰。广西创业板股博世科连续16个交易日在涨停板中度过，领先于同期发行的新股，直逼中文在线2015年创造的22连板纪录，股价已处高位。而博世科盘子较小、估值较高，换手率和市盈率偏高会面临短期回调风险。过高的市盈率不仅在一定程度上表明创业板市场充满投机炒作色彩，

也使创业板的投资风险明显偏高。

（2）创业板受到造假上市和套现事件困扰。万福生科、海联讯、欣泰电气等欺诈发行案例相继发生，造假上市成A股市场的重灾区。市场低迷时，创业板上大小非套现尤其是大股东套现，各种灰色交易、利益输送的情况无疑进一步加剧了股市的低迷。广西资本市场也不例外。

（3）各层次资本市场间缺乏有效的对接机制，不利于新三板转板。无论主板、中小企业板还是创业板，都对高新技术企业设置了很高的标准。广西很少出台相关的扶持政策，很多高新技术企业只好望洋兴叹，且退出机制不健全。

4.2 新三板市场不够活跃

（1）融资能力不足。企业上市挂牌，其市值越高说明该企业股价越高、融资越多。2015年，全国新三板挂牌公司的总市值为24 584.42亿元，而广西新三板挂牌公司总市值为93.42亿元，仅占全国的0.38%。新三板股份报价转让不提供集中撮合成交服务，只向投资者发布报价及转让信息，限制了对投融资双方的交易。

（2）流动性不容乐观。广西新三板市场交易的平均量依旧处于一个较为低下的水平，核心数据跟不上部分地区的场外交易市场数据，与国内外成熟的同类市场相比较也显示出市场的流动性不足。

（3）挂牌效率低。广西中小企业占比大，符合新三板挂牌条件的企业多，挂牌排队长，消化这些存量尚需时日。而一个企业从计划登陆资本市场到实现挂牌，通常需三年左右时间，时间周期长。

4.3 区域性股权交易市场体制不健全

（1）法规制度不完善。《广西壮族自治区人民政府关于加快发展金融业的实施意见》《广西金融业深入实施西部大开发战略的实施意见》等法规过于粗略，没有详细规定股权的托管、交易的流程、股份的转让和信息的披露。信息披露的往往只是企业的财务状况，对企业的经营管理、运营状况及重大事项的披露欠缺，对持股股东、会员等中介机构的信息披露也较少。不完善的信息披露机制对投资者作用不大。

（2）会员管理制度弱。经纪会员中有实力的券商比例偏少，企业难寻合适的保荐人。投资会员、信息会员发展滞后，对企业的发展帮助不大。

（3）股权交易转让制度滞后。目前，广西北部湾股权交易所主要以股权托管、投融资业务为主。挂牌公司的股权转让通常以流转项目的形式进行，即以公司总股本的一定比例，设计成标准化合约，实行一次性不拆细、不连续的整体转让。

5.完善广西资本市场对科技创新企业支持的建议对策

5.1 规范创业板的运作

规范资本形成机制、信息揭示机制、风险管理机制和激励制约机制，这不仅扫除了创新主体进行科技创新的各种障碍，对科技创新企业也是极大的支持与鼓励。同时，借助金融中介机构的力量，对风险进行管理转移，使得风险得到合理的分散。财政奖励上市，转板机制的适时推出，交易所市场IPO“注册制”落地，能有效地规范创业板市场，为科技创新企业提供更有序、更安全的平台。

5.2 促进新三板的活跃性

对于新三板表现不够活跃问题，可发挥广西政府的引导、激励作用，成立促进新三板挂牌工作小组。引入券商、银行、会计师事务所、律师事务所等专业机构和各行业协会的力量，借助多种媒介线上线下进行宣传交流。为企业提供更多新三板挂牌培训和服务，建立新三板挂牌企业协会以做好信息服务，以充分调动企业新三板挂牌的热情。优化新三板市场环境和交易制度，提供集中撮合成交服务，出台相关财政奖励、税收优惠、土地优先安置等相关政策文件，提高新三板融资水平和资金流动性。建立广西新三板挂牌企业后备资源库，加快新三板挂牌进程。

5.3 区域性股权交易制度要有大突破

首先，完整的制度体制关系到市场的发展方向与目标及定位的关键性问题。明确区域性股权交易市场的定位，细化法规，制定符合本地区股权托管、交易转让、投融资等业务发展特点的法规。其次，建立健全监管制度和严格的信息披露制度，不仅使市场范起来，也能筛选出有实力与能力的会员，更好地帮助科技创新企业进入资本市场。最后，区域性股权交易市场与主板相比，最大的优点在于其灵活性，所以应给予区域性股权交易市场更多的自主权与经营空间，推进区域股权交易的市场化运作。

6.结　论

综上所述，广西科技创新的多层次资本市场已经基本建立。不断完善相关法规制度规范资本市场，加强政府政策的支持和监管，将各层次资本市场有机结合起来才能构建支持科技创新的资本市场体系。创业板是创新型科技企业筹资并进行资本运作的市场，创业板能够缓解创新型科技企业发展的资金难题，助力企业发展壮大；新三板是企业融资的利器、加速腾飞的跳板，新三板促进了科技创新企业迅速成长；区域性股权交易市场贴合地区自身经济发展结构和水平，有效发挥资本市场融通资金、优化资源配置和横向风险分担职能。

如图2所示，不同层次的资本市场为不同阶段的科技创新企业创造有利的直接融资条件，提供持续稳定的市场化投入支持。

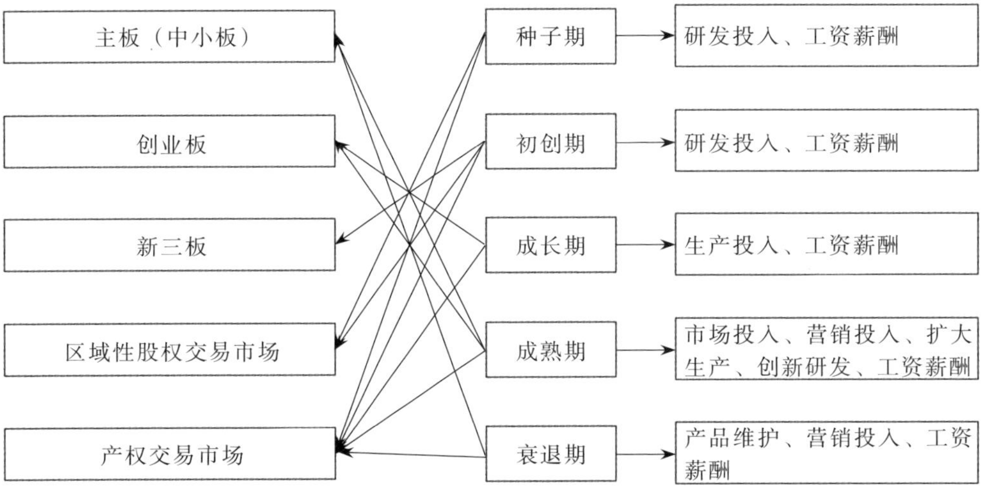

图2 科技创新企业各阶段对应的主要融资方向

参考文献

[1] 陈国明. 广西多层次资本市场发展研究 [D]. 南宁：广西大学，2015.

[2] 何登录. 广西区域性股权交易市场发展分析 [J]. 商业经济研究，2014 (8)：142-143.

[3] 荆娴. 资本市场促进高新技术产业发展研究 [J]. 中国软科学，2009 (12)：179-186.

[4] 李雪斌. 借力资本市场实现科技创新——浅议中小型高新技术企业融资和融智问题 [J]. 湖南财政经济学院学报，2013，29 (142)：85-91.

[5] 万钧. 2015年广西资本市场回顾及2016年展望 [J]. 区域金融研究，2016 (1)：14-17.

[6] 王士伟. 中小型科技创新企业生命周期各阶段的特征及融资政策分析 [J]. 科技进步与对策，2011，28 (10)：88-91.

[7] 闻岳春，王蜻婷. 科技创新型中小企业的资本市场融资策略研究 [J]. 科学管理研究，2010，28 (2)：107-112.

[8] 赵华锋. 资本市场对企业自主创新的影响——基于创业板的分析 [D]. 太原：山西财经大学，2014.

科技创新带来新形势的发展

余仁礼

（广西财经学院）

摘　要　在大数据时代背景下，随着互联网技术不断地创新发展，新的理念、新的技术和新的经济模式正在不断地改变人们的生活理念和生活方式。在这股巨大的科技浪潮下，国家的经济、社会的面貌和人们的生活都发生了翻天覆地的变化，站在科技创新的风口，本文将重点分析科技创新带来新形势的发展。

关键词　互联网技术　科技创新　新形势的发展

今天全世界面临着两大机遇：技术变革的机遇以及进一步促进和推广普惠全球化的机遇。第一次技术革命释放了体力，这次技术革命释放了大脑。未来的三十年各行各业都会发生翻天覆地的变化，数据将成为核心资源。这意味着五个巨大的“新”——新的零售、新的制造、新的金融、新的技术和新的能源。这五个“新”既是伟大的创举、伟大的变革和伟大的挑战，更是巨大的机遇。

1.科技创新带来新理念的发展

1.1　新零售

2009年，天猫商城“双十一”销售额为0.5亿元。2010年，这一数字提高到9.36亿元。2011年，天猫商城“双十一”的销售额跃升到33.6亿元。2012年，“双十一”当日支付宝交易额实现飞速增长，达到191亿元，其中天猫商城132亿元，淘宝59亿元，订单数达到1.058亿笔。2013年，淘宝“双十一”交易额突破1亿元只用了55秒，达到10亿元用了6分7秒，50亿元用了38分钟，凌晨5：49，阿里巴巴平台当日交易额突破100亿元，13：39达200亿元，17：31突破250亿元；“双十一”当日总交易额350.19亿元，最终交易额352亿元。2014年，11月11日23点59分59秒，交易额571亿元（最终数字）。2015年，截至11日24时，仅阿里巴巴平台，天猫商城交易额就达912.17亿元，其中无线成交占比68%。2016年，天猫“双十一”最终交易额定格在1 207亿元。其中，82%的交易来自无线，覆盖235个国家和地区。

2009—2016年天猫商城“双十一”交易额汇总对比如图1所示。

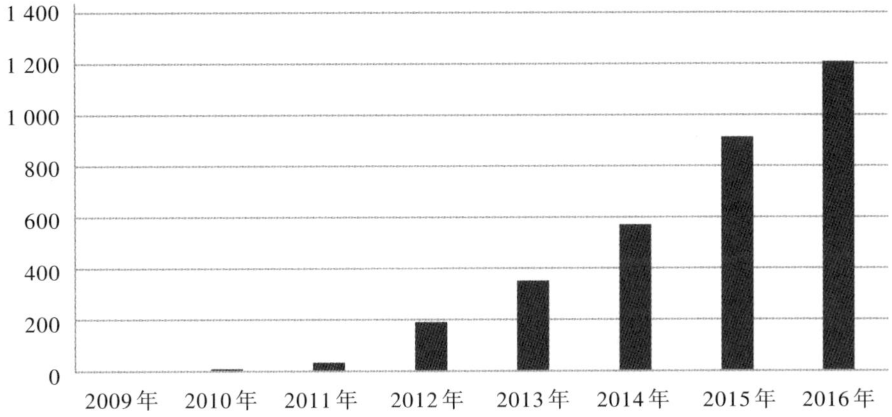

图1　2009—2016年天猫“双十一”交易额汇总对比（单位：亿元）

随着电子商务的不断发展，纯电商时代将很快结束，未来的10~20年，将没有电子商务这一说，只有新零售这一说，即线上线下和物流必须结合在一起，诞生真正的新零售，线下的企业必须走到线上去，线上的企业必须走到线下来，线上线下加上现代物流合在一起，才能真正创造出新的零售。物流的本质不仅仅是快，更是真正地消灭库存。

在现代都市里，很多传统零售行业受到了电商或者互联网巨大的冲击，这是因为它们没有把握未来的技术，没有看未来，只看到昨天。传统零售行业必须思考如何适应新的技术，如何和互联网公司进行合作，如何和现代物流进行合作，如何利用好大数据。必须打造新零售，原来的以房地产模式为主的零售行业一定会受到冲击。

1.2　新制造

过去二三十年，制造讲究规模化、标准化，未来三十年制造讲究智慧化、个性化和定制化，如果不从个性化和定制化着手，任何制造行业一定会被摧毁。所以，从零售以后开始的第二次巨大的技术革命就是IOT的革命，就是所谓的人工智能、智慧机器，未来的机器“吃”的不是电，未来的机器用的是数据，这是值得我们高度重视的。所有的制造行业，由于零售行业发生变化，原来的B2C的制造模式将会彻底走向C2B的改造，也就是说按需定制。我们今天讲的供给侧改革，就是改革自己、适应市场，改革自己、适应消费者。所以，我们要注意IOT的变革，未来新制造的诞生，对长江三角洲地区和珠江三角洲地区原来以规模化和标准化制造的一些行业的冲击，将远远超过大家的想象。

1.3 新金融

过去的金融，两百年来支持了工业经济的发展。过去两百年是二八理论，只要支持20%的大企业就能拉动世界80%的发展。但是，未来新金融必须支持八二理论，如何支持那些80%的中小企业、个性化企业、年轻人、消费者，其实以前的金融也想支持，但是它的IT基础设施、设计架构没办法支撑。互联网金融的诞生势必对原有的金融机构产生一定的冲击和影响，互联网金融能够创造出真正的信用体系，基于数据的信用体系才能够让全世界产生真正的普惠金融，让每一个人，只要需要用钱，都能得到足够的钱。新金融的诞生会给所有创业者、年轻人、小企业带来福祉，在未来的十年内，我们一定能看到其巨大的发展，正如“蚂蚁金服”所担当的责任，让信用变成财富，让每一个人能够获得金融的支持，真正出现公平、透明、开放的普惠金融体系。

1.4 新技术

移动互联网出现后，原来以PC为主的芯片将会变成移动芯片，操作系统变成移动的操作系统，原来的机器制造将会变成人工智能，原来机器“吃”的是电，未来机器“吃”的是数据。未来基于互联网、大数据的新技术会不断诞生，这又为人类创造了无数的想象和空间。

1.5 新能源

过去的发展是基于石油和煤，未来的技术发展将基于新能源，那就是数据，数据是人类第一次自己创造了能源、创造了资源。衣服被人家穿过，你穿就会不值钱；而数据被人家用过，你用会更值钱，你用过以后拿出去会更值钱。数据是越用越值钱的东西。

未来整个世界的趋势是从知识驱动走向智慧驱动，从原来的规模驱动和标准化驱动走向灵活和定制驱动。过去的机器是人类的工具，未来的机器是人类的合作伙伴，我们要学会和机器进行合作。世界的变化远远超出我们的想象，科技的创新推动了新形势下新理念的发展。

2.科技创新带来新模式的发展

2.1 “社群经济”新模式——OFO商业模式

OFO即Online to Fans to Offline，是指通过“粉丝社群经济”打通并链接线上与线下的一种全新商业模式，以社群经济为核心，利用互联网分销模式作为纽带并与移动互联网结合，最终形成线下体验、线上成交、用户自主传播的商业循环。OFO的流程布局见表1。

表1 OFO的流程布局

流程	措施
入口	在移动端搭建线上平台及商城，在线下搭建服务中心
引流	线上平台可以汇聚大量有消费需求的消费者，引发消费者的线下消费需求
转化	线上平台向消费者提供商铺的详细信息、优惠、便利服务，方便消费者搜索，并最终帮助消费者选择商户、完成消费决策
消费	消费者利用线上获得的信息到线下商户接受服务、完成消费
培养	消费者将自己的消费体验反馈到线上平台，线上平台通过梳理和分析消费者的反馈，形成更加完整的本地商铺信息库
存留	线上平台为消费者和商户建立沟通渠道，可以帮助本地商户维护消费者关系，成为商家的“回头客”
分销	借助成熟的数据体系与用户维护体系、消费者的意愿形成分销机制，最终使产品（服务）形成扩散式的“爆品”

传统O2O模式是通过平台在线的方式吸引消费者支付，消费的服务或者产品必须由消费者去线下体验。但简单的在线支付、线下体验，很容易造成“付款前是上帝，付款后什么都不是”的窘境。由于国内服务存在各种不规范的运营，如何保障线上信息与线下商家服务对称，就变成了一个非常严重的问题。

OFO商务模式的核心就是“社群经济”，不是简单地在网上寻找消费者，然后将他们带到现实的商店中消费即可。它是通过口碑传播、分享积淀，结合分销模式、数据管控，最终为企业创造独立商业生态圈的一种模式。和以往电子商务单项推广自然进客的模式对比，OFO商务模式不但市场空间广阔，也更容易为传统产业所接受。

2.2 平台化组织模式——韩都衣舍

传统的“公司+雇员”这种持续了一百多年的组织体系，正被互联网时代平台化的组织所颠覆。互联网服饰品牌韩都衣舍，凭借“款式多、更新快、性价比高”的特点，在天猫平台上创下了多个销量冠军，2015年，收入达12.6亿元，净利润0.33亿元。它正是通过平台化组织来应对当前的不确定性，变“公司+雇员”的组织体系为“平台+个人”架构。未来越来越多的组织形态或将朝此方向改变。

所谓平台化模式，就是去掉中间层，把整个组织变成根据业务需要成立的自由团队。传统的“公司+雇员”的组织形态可以理解为“火车模式”，靠领头者的能力，而平台化组织则是“动车模式”，靠每节车厢共同驱动。对整个社会来说，互联网平台已经成为一个新的基础设施，支持和激发全社会的创业和创新，平台化组织模式正成为新经济领域中的一种主流模式。

平台化模式的特点有：第一，小步快跑，低成本试错。韩都衣舍的组织架构非常扁平，目前拥有7大后台赋能平台，包括摄影、淘内运营、淘外运营、生产、储运、客服、其他职能，这7大平台共同为300个左右的“小前端”服务，最少3人就能成为一个“小前端”。通过这样的组织形式，韩都衣舍以较低成本实现了快速试错，实现了年上新品超过3万款，最大限度地满足用户对服装的快速多变的需求。第二，一线员工做决策，领导者做投资。在韩都衣舍，每个“小前端”可以看做一个产品小组，全权负责产品设计、生产和品牌运营，责、权、利对等，权力被下放到最小单元，自驱动加快了决策速度。这样的组织设计，权力下放给了一线员工，管理者似乎被“架空”，这恰恰是平台化组织管理者角色发生了转变；要求也提升了，平台化组织对每个人的要求都变得更加专家化和柔性化，人人必须成为专家，自我监督、自我管理和自我提升。

平台化企业的诱惑力在于，不只能够成就设计师这一类人群的创业梦想，数据分析、产品营销、销售……各个环节都有机会。从过去“公司+雇员”到如今的“平台+个人”的组织模式的转变，带来的是生产能力的提升，是社会经济的进一步发展。

我们正处在一个非常关键的时刻，因为我们正在进入互联网时代、进入新技术时代。我们相信，不是技术改变世界，而是技术背后的梦想改变世界，是创新的精神改变了世界。无论你喜欢与否，改变都会发生。我们相信，科技创新将会让人们的生活更加美好。

参考文献

［1］马云．第13届中国—东盟博览会开幕大会的致辞［EB/OL］．（2016-09-11）．http：//www.caexpo.org/index.php？a=show&c=index&catid=119&id=214868&m=content.

［2］马云．2016年杭州云栖大会的演讲［EB/OL］．（2016-10-14）．http：//business.sohu.com/20161013/n470167362.shtml.

中小微企业科技创业商业模式创新研究

苏雪晨

（广西财经学院）

摘　要　中小微企业是当前我国经济社会发展的主要力量之一，在大力推进“大众创业、万众创新”的背景下，如何促进中小微企业开展科技创业成为转变经济发展方式、调整产业发展结构的重要手段，而创新商业模式能够为中小微企业带来竞争优势，因此本文通过分析科技创业的中小微企业商业模式创新的组成要素与制约因素，针对性地提出解决措施。

关键词　中小微企业　科技创业　商业模式

1.引　言

当前，广西经济社会发展进入新常态，急需扭转广西经济发展方式，进一步调整优化产业结构，寻求新的经济增长点。2015年，李克强总理在政府工作报告中正式提出要大力推动“大众创业、万众创新”，且《国务院关于大力推进大众创业万众创新若干政策措施的意见》指出：“推进大众创业、万众创新，是培育和催生经济社会发展新动力的必然选择”。因此，要促进广西经济社会发展的转型升级，应当在广西范围内大力推进创新创业事业的发展。

实践证明，科技创新是提高社会生产力和综合国力的重要手段。要加快提高广西经济发展的质量，必须依靠科技创新。中小微企业是我国经济的重要组成部分，也是经济社会发展的重要推动力量。因此，如何通过科技创业实现广西中小微企业竞争力的提升，成为当前亟待解决的一个问题。部分学者认为，商业模式是当前企业能否在市场竞争中立足的重要条件之一，《2013中国企业家成长与发展专题调查报告》指出，目前制约企业竞争能力提升的重要因素是商业模式创新能力不足，所以本文通过探讨广西中小微企业在科技创业的过程中如何开展创新商业模式，以期提升其市场竞争优势（具体研究框架见图1）。

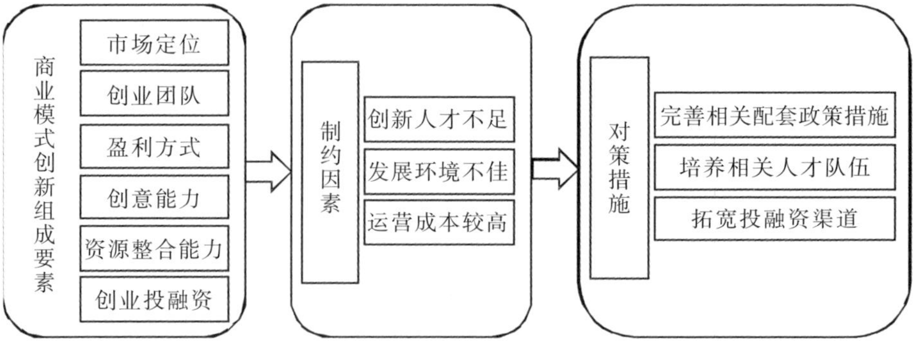

图1 研究框架

2.广西中小微企业科技创业商业模式的组成要素

一般来说，中小微企业相较于大企业，抗风险能力较弱，但中小微企业终究无可避免地要与大企业在市场中展开竞争。所以，要想在激烈的市场竞争中站稳脚跟，商业模式创新成为中小微企业科技创业最重要的手段。中小微企业在科技创业过程中，商业模式创新主要由以下几点要素组成：

2.1 市场定位

对于开展科技创业的中小微企业而言，找准自身的市场定位至关重要。中小微企业要想在科技创业的路上降低创新的风险，首先要明确企业在市场上所处的位置，找准企业的目标客户和潜在客户，才能够在进行科技创新时准确地明确所需的投入大小与方向，避免盲目的投资和创新，不会因创新产品不符合市场需要而使得科技创新的投入“血本无归”。准确的市场定位还能够为中小微企业在科技创业过程中选择正确的战略定位，明确发展重点，有针对性地绕开与强大竞争对手的正面竞争，为企业发展壮大赢得空间和机会。

2.2 创业团队

人才，无论是中小微企业还是大企业，都是最为重要的企业竞争资源，尤其是对于开展科技创业的中小微企业而言，拥有充满活力和吃苦耐劳的人才队伍是至关重要的。中小微企业在科技创业过程中，往往需要一人“分饰多角”，也就是说，区别于大型企业的专业分工，中小微企业由于人力资本的限制，往往需要拥有跨专业能力的综合型人才，才能以较低的人力成本，处理更广泛的公司业务。值得注意的是，在创业初期，中小微企业面临着更大的压力和风险。因此，整个创业团队必须团结一致，共同进退，才能确保企业的创业活动能够顺利有序地开展下去。

2.3 盈利方式

企业的最终目的是营利，它是企业竞争优势的最重要的体现之一。因此，寻找到一个可持续的盈利方式是十分必要的，这关系到企业能否实现可持续发展的问题。根据迈克尔·波特的竞争优势理论，企业可以通过成本领先战略、差异化战略和专一化战略来获取企业的竞争优势。对于中小微企业而言，如果不能够通过科技创新实现成本的大幅下降，那么可以通过科技创新更新和改良产品或者通过对某一市场前景好的产品进行攻坚研发来找到适合自身发展的盈利方式，也就是说，可以考虑差异化战略或者专一化战略来获取竞争优势。

2.4 创意能力

创意是科技创业的核心，拥有富有新意的创意是企业赢得市场竞争优势的关键因素。好的创意是中小微企业开展科技创业的重要手段，更是其竞争能力的重要体现。好的创意凝结了整个创业团队的智慧，体现了科技创业的核心，但必须将其具体化，才能够真正为企业带来效益。事实上，寻找到适合自身发展的商业模式，本身就是一种好的创意。因此，对于中小微企业而言，应该时刻保持创新的意识和信念，并不断将这些意识和信念转化为真正的竞争优势，才能在激烈的市场竞争中突出重围。

2.5 资源整合能力

对于开展科技创业的中小微企业而言，如何充分发挥有限的人才、资金等资源的最大作用，也就是企业的资源整合能力，关系着企业是否能够真正创业成功。中小微企业在开展科技创业时，首先，要清楚地了解企业本身拥有什么样的资源，在创业过程中还需要哪些资源的支持，这些资源能不能够为企业在市场上带来较强的竞争实力等问题；其次，企业要考虑如何使用这些资源，如何实现有限资源的优化配置，才能够使其产生最大的效益等问题。如果中小微企业不能够充分利用有限的资源，那么在市场上很难与实力强大的大型企业竞争。

2.6 创业投融资

在科技创业的初期，资金很可能成为成败的关键要素，而且如何获得资金支持，如何以最小的资金投入获得最大的产出，是每一个科技创业的中小微企业必须思考的问题。目前，市场上中小微企业在进行科技创业过程中，可以通过寻找风险投资，或政府资金补贴来获取企业运转的资金。但是，政府的资金补贴往往需要较长的时间，如果单纯地等待政府补贴，往往会错过最佳发展时机，因此，获取风险投资成为当下科技创业的中小微企业最佳的资金获取方式。

3.广西中小微企业科技创业商业模式创新的制约要素

3.1 创新人才不足

由于中小微企业经济实力较弱，无法提供优厚的薪酬福利，往往很难吸引有实力的人才加入企业。创新人才的短缺，出现无法集思广益产生好的创意、无法将好的创意执行下去、不能较好地整合有限的资源等问题，导致企业的研发团队无法找准市场定位，最终无法正常盈利，严重影响了企业的正常运转，导致创业的失败。

3.2 发展的环境不佳

中小微企业的发展离不开良好的社会环境，尤其是开展科技创业的过程中必须处于崇尚创新、允许失败的良好创新文化氛围中。但是目前我国对于促进中小微企业的科技创新政策体系还不够完善，缺乏针对性强的扶持措施，整个社会也暂时没有形成踊跃创新的良好局面。此外，相关配套措施的缺失，使得很多风险投资机构对我国的科技创业中小微企业仍持观望态度，导致很多企业因为资金链断裂而最终走向破产。

3.3 运营成本较高

由于我国大力推进创新创业的工作才刚起步，所以相关的配套措施还有待完善，致使中小微企业的运营成本过高，主要体现在：一是开展创业基础设施有待完善。尽管近年来，我国各地建起了大量的创业孵化基地，但由于管理人手不足、相关管理条例缺失等问题，仍有很多创业的中小微企业没有办法进驻，而且很多孵化基地远离市中心，使得部分中小微企业不得不承受高昂的办公场地租赁费用。二是税收政策有待完善。当前，我国已经出台了一些促进企业创业的税收优惠政策，但是税收减免的范围仍主要限于税额的降低和税率的减少。对于科技创业的中小微企业，由于科技创新的前期投入大，它们更希望在研发费用等方面获得税收的减免，但目前我国仍缺失相关的政策。

4.广西中小微企业科技创业商业模式创新对策

4.1 完善相关配套政策措施

为了充分营造良好的“大众创业、万众创新”环境，鼓励更多中小微企业开展科技创业，应该全方位出台鼓励支持的政策措施，包括：一是出台保护创新的相关政策措施。由于科技创新涉及大量的知识产权，如果缺乏相关的保护政策，“抄袭”成本过低，企业将不愿意创新，这对于我国经济社会发展是十分不利的，因此，必须出台相关的创新保护措施。二是出台税收减免措施。针对科技创业的中小微企业，出台关于研发费用、固定资产折旧、投资减免等方面的税收优惠措施，鼓励更多企业加入创新的队伍。

4.2 培养相关人才队伍

首先是管理人才。缺乏相关管理人才是影响中小微企业创新商业模式的重要因素之一，因此应该着手培育更多的管理人才，才能充分盘活现有的创业孵化器资源，并制定符合企业实际需要的管理规章制度。其次是跨专业综合人才。上文提到，中小微企业的科技创业需要跨专业的综合人才，因此当前高校的培养重点应该向此方向转变，大力提高学生的学习和实践能力。

4.3 拓宽投融资渠道

一是由政府出资，设立促进中小微企业科技创业的投资基金，同时引导社会资金的流入；二是建设沟通平台，促进风险投资机构与有需要的中小微企业对接，畅通信息沟通渠道，让风险投资机构深入了解创业企业的创意；三是完善担保机制，积极培育与引进融资担保机构，建立和完善担保免责与风险补偿机制，对于合法的投融资，若产生坏账，对其进行免责处理，减小因为创业失败带来的担保风险，促进“允许失败”的社会风气的形成。

5. 结　论

中小微企业是我国经济社会发展的主要力量之一，在“大众创新、万众创业”的背景下，促进中小微企业开展科技创业是促进我国经济转型升级的重要举措，而创新商业模式则是中小微企业发展的关键工作之一。商业模式创新由市场定位、创业的团队、盈利方式、创意能力、资源整合的能力以及创业的投融资等要素组成，但是目前我国中小微企业仍面临着人才缺少、环境不佳以及融资渠道不畅等问题，严重制约着中小微企业科技创业的商业模式创新，因此必须通过培养创新人才、完善政策措施以及拓宽融资渠道等手段，进一步促进科技创业的中小微企业进行商业模式创新，以提升其在市场中的竞争优势。

参考文献

[1] 创新型科技人才队伍建设研究课题组．高层次创新型科技人才的内涵及成长规律[J]．科技智囊，2008（10）：52-63．

［2］李飞，杜纲．创业型企业的商业模式研究——基于创业板上市公司的案例研究［J］．华东经济管理，2011，25（8）：151-154．

［3］王迎军，韩炜．新创企业成长过程中商业模式的构建研究［J］．科学学与科学技术管理，2011，32（9）：51-58．

［4］于疆．关于企业商业模式的探讨［J］．企业管理，2008（11）：61-63．

［5］原磊．商业模式分类问题研究［J］．中国软科学，2008（5）：35-44．

财经类院校创新创业研究分析

陈李论

（广西财经学院）

摘　要　在时代发展的进程中，创新创业成了推动经济变革的先驱力量。创新创业是指基于技术创新、服务创新、商业模式创新、管理创新等方面的某一点或几点创新而进行的创业活动。创新创业是在创新基础上的创业活动，创新强调的是开拓性与原创性，而创业强调的是通过实际行动获取利益的行为。经济环境的变化影响着社会发展的走向，财经类院校的创新创业活动已然成为热议话题。

关键词　创新创业教育　财经特色　体制改革　科技创业大赛　创新意识

追溯创新教育的起源，从1947年美国哈佛大学商学院教授迈尔斯·梅斯开办的“新创业管理”课程起，至今已有70载，美、日、英、德等发达国家已走在世界优质创新创业教育的前沿。我国从1996年教育部颁布《关于深化教育改革全面推进素质教育的决定》明确提出高等学校要重视培养大学生的创新能力、实践能力和创新精神，到如今“大众创业、万众创新”成为我国国家战略，在全国范围内掀起热浪。短短十几年，我国的创新创业教育已经取得瞩目的成绩，并保持良好的态势，迎头追赶。目前，在大数据、信息化的背景下，知识经济、共享经济、创新经济成为时代风潮，高等教育中对创新创业思维的培养尤为重要，而财经类院校学生们的创新思想是其中的重要组成部分，我们将重点关注。

我们都知道，财经类院校的专业大多属于现代服务业领域。社会普遍认为财经类院校的学生思想固定，难以打破固有思维的约束，并断言财经类院校很难开展创新创业教育，即使推行，效果也不会尽如人意。对于这个问题，浙江财经大学校长钟晓敏于2016年9月17日接受了《中国教育报》的采访，并阐述了自己独到的看法。

1.学校：建立健全创新教育机制，挖掘财经创新潜质

钟校长认为，随着经济格局的变革、技术的革新、现代服务业的快速发展，商业模式创新及服务创新已成为推动社会进步的最强动力。通过会计、财务及金融等各类服务助推创新创业必将是财经类大学人才培养的特色。如何开发财经类

学生的创新潜质？如何用特色拉动财经类院校创新创业教育工作？钟校长采访时提出：第一，创建创业学院为开放性办学铺路，整合校内分散的创新创业教育资源，为全校创新创业教育、培训、孵化、扶持工作进行一体化统筹。第二，实施多样化、个性化的分类人才培养方案，通过构建创新创业教育与实践体系、改革学生学业考核评价办法，最大限度地实现学生的分类培养。第三，造就一支双师型的师资队伍，保障创新创业教育质量。指导老师作为谋士诸葛，应首当其冲做好“改革典范”。钟校长的回答让我们看到了财经类院校学生的突出优势，以及铺设的特色财经创新教育发展通道，道路充满挑战与机遇，需要各个要素发挥其作用，共同推动财经类院校创新教育的发展。

大学校园是创新人才的育苗场，是创新成果的根据地。学校的教学倾斜，意在创造良好的创新氛围，挖掘学生的创新潜质，激发创新思维，努力将创意转化成现实价值，进而转化成产能，促进生产，为社会及个人的发展贡献一己之力，实现社会与个人的共同成长。

2.企业：举办各类创新创业大赛，开阔财经创新视野

浙江财经大学的创新教育举措是财经类院校自身对于创新创业培养的重视，放之于社会大熔炉，企业对财经类院校的创新性关注会有多少呢？在过去举办的各类“互联网+”创新创业大赛，各地市如“麦克杯”“创青春”创新创业大赛，“赢在东莞”科技创新创业大赛等，在策划书里都需要对行业发展概况、财务管理、融资策划、风险控制、投资渠道等进行剖析，而这些要点都需要财经类专业知识加以辅助分析，大部分企业家评委在评定过程中都侧重关注财经方面的创新，而在实际操作中这些要点对企业的发展也有着举足轻重的作用。

同时，专属财经类的创新创业大赛也在盛行。2016年5月21日，“第二届全国创新创业教育研讨会暨首届‘冠生园杯’全国财经类高校创新创业大赛启动会”在上海财经大学举行。大赛以团队为单位，团队负责人须为财经类高校或其他院校经济管理相关专业在校生。组委会邀请了行业企业、创投风投机构、大学科技园、高校和科研院所专家组成审核专家组。冠生园（集团）有限公司总经理万黎峻在研讨会上也表示企业与高校携手培育创新创业人才，不仅是企业的社会责任，也可为企业发展注入活力。大赛的举办为全国财经类高校的创新创业教育提供了良好的交流机会，并推动着创新创业教学与创业竞赛活动的开展。学校和企业的共同助力，对财经类学生创新能力的提升给予了极大的帮助，且对创新创业的内涵有了更深层次的认识。

学校、企业乃至国家层次的重视与关注，各门课程的开设教学，各级创新创业平台的扩大及通道的开通，各项政策的落地实施，这都在为当下创新创业教育事业添砖加瓦，推动发展进程。这是创新创业事业的外因支持，能够促进其良好

地发展，但终归还是由内因即自身的创新创业素质修养、个性品质决定。作为财经类高校的青年大学生，该如何认识创新教育发展的不足及缺陷，又应具备什么样的条件以及如何培养自身创新精神？

3.个人：增强财经创新意识，提高自身创新能力

3.1 充满好奇，期待新鲜事物

好奇心是人类的天性。好奇心促使我们探究一切新鲜事物，怀揣期待，探索未知，从而顺其自然地开展创新性活动。哈佛大学哲学博士陆登庭曾说："如果没有好奇心和纯粹的求知欲为动力，就不可能产生那些对人类和社会具有巨大价值的发明创造。"瓦特留心观察日常生活，对煮沸的水壶上冒出的蒸汽充满好奇，内心的求知欲与头脑的创新思想擦出明亮的火花，最终改良蒸汽机，极大地提高了生产效率，使人类进入蒸汽时代，是工业革命史上一大壮举。对于财经创新精神的培养亦是如此，学习中多问几个为什么，多探究经济现象背后隐藏的经济规律，提出自己独有的见解。创新源于好奇，好奇促使创新激流的奔涌。

3.2 敢于质疑，批判地接受事物

《管子·正世》中先贤提出"不慕古，不留今"，意思是说不羡慕、不停留于传统，不留恋、不贪图于当下。敢于质疑过去固有的观点想法，批判地接受过去所取得的成绩。对现有问题进行理性分析，敢于质疑权威，学会用辩证的观点看问题，透过现象，看清事物的本质。在课堂老师的引导下，将注意力集中于问题的真实本质上，学会多角度看问题。

3.3 学以致用，将所学应用于实际

多学习，勤思考。运用学习的方法解决实际发生的问题，实际发生的问题催生解决问题的方法，理论知识与实践应用的螺旋作用有利于提高我们解决问题的能力，形成突破性思维，树立创新观念。关键在于我们平时对知识的沉淀与积累，用创新性思维解决问题。比如利用经济知识去解释理财就很简单了——通俗地讲，就是打理我们的财产，以获得额外的收益。受通货膨胀的影响，通过何种手段保证拥有的资产不减值，就需要对股票、基金、期货、保险等专业知识有所了解，用经济头脑规避风险。

3.4 求真务实，用实践证实想法

求真务实要求我们脚踏实地，不驰于空想，不骛于虚事。创新并不是虚无缥缈、漫无边际的东西，它源于生活并忠于实际。创新是一种想法，需要我们付诸

行动，踏实肯干，让想法成为现实，想一步登天注定会失败。与此同时，更需要我们实事求是，与时俱进，紧跟时代发展步伐，适应时代发展需要。创新的实现，最终要依靠行动来完成。止于想法而无行动，势必阻碍创新思维的开发，何谈求真务实？有想法就应有所行动，不畏难、不畏苦，坚定目标，踏踏实实走好每一步。李克强总理强调“以创业培育经济新动力，用创新撑起发展新未来”，这需要我们以求真务实的态度践行，认真走好每一步。

4.结　语

我国的创新创业教育起步晚，与发达国家相比，现仍处于不成熟的阶段，存在创新创业孵化率低、体制不完善、缺乏核心竞争力等缺陷。财经类院校的创新教育发展深度不够，财经专业创新优势不凸显，学生创新意识不高等问题也亟待解决。但我们也应肯定如今取得的成果，创新创业教育处于积极探索的道路中，我们有理由相信，随着创新创业体系不断完善，我国的创新强国路也将越走越远。

参考文献

［1］刘辉．对大学生创新创业教育与实践的几点思考［N］．中国教育报，2016-10-13．

［2］徐萍．个性品质塑造——大学生创新创业教育的关键［J］．当代教育论坛，2006（1）：64．

［3］杨容．关于批判性思维教学法在会计教学中的运用影响探析［J］．课程教育研究，2016（23）：31．

［4］钟晓敏．财经类院校很难开展创新创业吗［N］．中国教育报，2016-09-17．

科技创新和商业模式创新的融合机制

杨文润

（广西财经学院）

摘　要　中共十八大提出实施创新驱动发展战略，其中尤其强调加强技术集成和商业模式创新，从而提出了商业模式创新与科技创新融合互动的命题。本文通过构建科技创新与商业模式创新融合的分析框架，探讨了两类创新融合的问题，最后提出了促进两类创新融合的政策建议。

关键词　科技创新　商业模式创新　融合

科技创新的直接动力是社会需求，它来源于人类追求的以衣、食、住、行为基本内涵的物质需要，也来源于人类追求的以知识、美、音乐、旅游等为基本内涵的精神需要。这是科技创新的不竭动力。科技创新的间接动力是公共政策，如前瞻性的顶层制度设计和务实的基础制度设计能够激活科技创新所需的各种要素，对科技创新起到引导、促进和保障作用。商业模式创新的根本目标是在市场竞争中获得领先地位。企业领先地位的衡量指标是个复杂体系，因企业发展阶段、竞争对手状况和市场评价体系的变化而异。但有一点是清楚的，企业获得领先地位的主要途径是创新，而不是守成。

1.科技创新与商业模式创新融合机制

研究科技创新与商业模式创新的融合机制问题，逻辑起点是商业模式要素。关于商业模式要素的研究较多，认为商业模式包括核心战略、战略资源、价值网络和客户界面。本文参考张越和赵树宽的五要素论（核心产品、目标市场、运营流程、价值分配原则和价值链结构），进行融合机制的相关理论分析。

1.1　融合机制

融合机制是对象的结构和运行机理。两类创新的融合机制是促使两者结合的“粘合”力量。该力量主要来源于市场及政府。

1.1.1　市场导向下的融合机制

两类创新活动在市场机制下交互作用，实现融合，形成市场导向下的融合机制。

(1) 科技创新作用于市场机制的四大要素。科技进步带来商品或服务成本的降低，以及产品性能的提高，从而形成新的性价比，进而改变市场中的供求关系和竞争格局。管理创新有助于创新主体应对市场风险。

(2) 市场机制能够重塑商业模式，实现商业模式创新。原因在于，商业模式的五个核心要素与市场机制要素交互作用、密不可分。以价格机制为例，促使企业采取"一体化"政策有助于实施资源重组。其中，纵向一体化整合了上游资源，从而有利于降低采购成本；横向一体化整合了同业资源，从而降低了制造成本。无论实施何种一体化政策，都受市场价格机制支配，而一体化就是商业模式创新的过程。

(3) 市场机制提高了两类创新的融合效率。例如，供求关系和竞争机制带来信息传递效率的要求，科技创新提供了信息传递的技术条件，而商业模式创新则提供了信息传递的组织方式。

(4) 市场机制界定了两类创新的融合限度。受资源和参与者利益的双重约束，两类创新的融合并非是无穷尽的。换而言之，两类创新的融合也是有成本的。

1.1.2 公共政策导向下的融合机制

为了应对"市场失灵"，公共政策也能够影响两类创新的融合进程，形成公共政策导向下的融合机制。

市场在提供公共服务、处理外部效应（通常指环境污染等负的外部效应）、应对垄断和解决信息不对称等问题时往往没有效率，政府通过制定相应的公共政策来应对这些问题，即通过公共政策引导或强制实施两类创新活动，从而对两类创新融合产生作用。

(1) 由于市场自发形成的商业模式中并不包括公共产品供给，但是受公共政策目标的影响，实际上出现了提供公共产品的商业模式。相应地，受科技政策的影响，围绕公共产品或服务的科技创新活动也得以存在。两者的融合，均与公共政策有关。

(2) 市场主体之间的利益边界是客观存在的，但是市场机制有时无法准确界定，导致私人利益与公共利益出现混乱。此时，必须由政府出面，以出台公共政策的方式强制界定，从而恢复正常的市场秩序。这种情形在垄断与反垄断、倾销与反倾销中很常见。受此影响，科技进步有利于打破原有边界，商业模式创新则有利于适应现有边界。两者的融合不断地突破边界与稳定边界，从而推动经济发展和社会进步。

(3) 市场机制下产生的风险有时候具有非常大的破坏力，如由次贷危机引发的金融风险。公共政策机制在应对市场风险、促进经济与社会秩序恢复甚至发展方面具有重要作用。受此影响，科技创新提供了源源不断的风险应对能力，而商业模式创新则为市场参与者提供了丰富的风险应对操作方式。两者的融合，起到了风险调节作用。

1.2 融合模式

模式是标准化了的、可借鉴甚至是可复制的体系或系统，属于方法论范畴。融合模式是对两类创新融合可操作性体系或系统的总结，是对所有可能的融合模式的分析，包含但不局限于两类创新单独或整体驱动的利益分析、两类创新中所涉及的利益分析、两类创新的价值分析、利益的独特性分析、利益的增值路径分析、融合模式的描述与总结。通过分析，融合模式包括：

（1）窗口模式。历史上以数次工业革命为标志，科技创新与商业模式创新融合集中爆发的融合模式可称为窗口模式。典型标志是存在丰富的融合机遇，各类创新主体及时抓住了机遇。当前，互联网技术创新与金融结合，再与具体的产业相结合，就产生了新的商业模式。

（2）要素模式。科技创新作用于商业模式的基本要素，并带来商业模式创新，这种融合可称为要素模式或资源模式。要素模式很常见，当前主要集中于：新技术的运用并形成新产品；庞大的新产品使目标市场更加细化，从而产生新的行业及龙头企业；科技创新使企业的运营流程发生根本变革（如产业互联网、物联网）；新技术改变了生产模式并带来价值分配或资产定价方面的变化（如点击率、收视率，甚至大数据）等。

（3）管理模式。科技创新作用于企业管理，带来商业模式的创新，这种融合可称为管理模式。当前，在新兴产业中，对物理渠道的管理已经让位于对数据资产的管理，这属于典型的管理模式融合。

（4）盈利模式。两类创新分别作用或相互作用于时机、要素或管理等对象，形成了新的价值增值机制，这种融合可称为盈利模式。当前在互联网思维下，出现的“羊毛出在狗身上，猪来买单”的搞笑现象，就属于基于盈利模式的创新融合：腾讯QQ软件是免费使用的，但是该公司的盈利早已超过百亿美元，根本原因就是利用技术创新改变了传统的盈利模式。

（5）信息模式。利用对信息价值的认知以及信息技术创新，产生新的商业模式，这样的融合可称为信息模式。当前，信息模式集中于由大数据和云计算带来的商业模式变革，典型的案例是耐克公司，即利用大数据技术投放信息内容多元化的商业广告，再运用云计算收集和处理不同地域、年龄等特征的受众反应、行为及差异信息，据此进行生产、物流、仓储等安排。

1.3 融合趋势

两类创新的融合趋势是融合机制的合理延伸，即新技术带来企业的跨行业融合；互联网等新技术对传统产业的改造将持续深入；金融工具与资本市场在促进融合方面的作用越来越突出；新技术促进产业链内部的移动融合；新技术促进成熟商业模式的复制、扩展、放大、衰退和被替代等。

2.科技创新与商业模式融合路径

2.1 理实交融

“理实交融”本来是中国科学技术大学的校训，“理”指科学技术，“实”代表实业，两者要很好地结合，才能实现人才培养的最高目标。这里借用其概念和含义，描述和总结侧重于科技创新与创业的商业模式融合路径。

科技创新经常会带来新业务、新领域和新市场，为创业提供机遇。与此相联系的就是创业阶段的商业模式创新容易获得“后发优势”。“量子通信”就是通过理实交融实现两类创新融合的典型例子：首先，量子通信理论研究取得了实质性进展，国内科研人员从实验切入，以图尽快解决技术上的可操作性和商业化条件；其次，通过试验性应用，对商业化条件进行评估，为下一步的科技创新探明方向，此时并不计较成本与收益，在此过程中成立公司，通过创业来构建相应的商业模式；再次，通过推广性应用，向全社会宣传量子通信在保密等方面的性能优势，以利于商业化所需的资金筹集；最后，公司化运作，争取从资本市场获得资金支持，进一步改进技术、降低成本和实现商业化应用目标。可见，理实交融的研究过程和商业化过程并非两类创新的一次融合，而是不断创新、不断互促和融合。

2.2 产融结合

将以产业要素为标志的科技创新与以金融要素为标志的商业模式创新相结合，是两类创新融合的高端路径，产融结合侧重于科技创新与创富的商业模式融合路径。

在经历创业阶段的初步融合后，科技创新有可能在规模、市值、市场占有率等领先指标上促进企业商业模式创新，使企业获得先发优势或累积优势、革新优势。互联网金融就是通过产融结合实现两类创新融合的典型例子：一方面，互联网技术的进步使云计算成本变得跟阳光、水和空气一样廉价，使基于互联网信息平台的金融业务成为可能；另一方面，传统金融成本高、效率低的特点，为金融业务模式的变革提供了机遇。互联网金融不是互联网和金融业的简单结合，而是在技术创新和商业模式创新基础上的有机融合。互联网金融与产业的进一步结合，是两类创新融合的更高阶段。

2.3 财智共进

以智力成果为载体的科技创新与以财富为载体的商业模式创新相结合，是两类创新融合的另类路径。财智共进侧重于科技创新与商业模式融合的创智路径。

科技创新会带来智力成果：一方面智力成果可能会进入商业应用；另一方面科技创新有时也需要被纳入商业模式中，以获得研发投入，保障创新的可持续性。财智共进路径本身就具有智慧性特征，表现为：商业化过程中形成的专利、技术秘密等智力成果；商业模式创新中治理机制、管理艺术的改进对科技创新的支持和促进；两类创新所共同支持的商标或品牌等智慧财产的形成、稳定和扩散等。

2.4 创新共荣

基于精神动力的两类创新融合是最高境界的融合。精神是经济基础、上层建筑与集体、个体特征相结合的内在反映，创新共荣侧重于以科技创新的可持续性为基础的融合路径。

除市场、政策外，精神也是科技创新的重要动力，而且是实现科技持续创新的不竭动力。这从我国“两弹一星”的研制中已经得到充分体现。当前，科技创新精神动力更多地表现为因理念一致而形成的团队精神，即围绕着共同目标一起努力。科研团队的创新能力往往强于个人。与此相应，在商业模式创新过程中，以企业文化为载体的企业精神、企业家精神和团队精神也是非常重要的驱动力。这两股精神力量形成了两类创新融合的另类路径，本文称其为创新共荣路径。

3.研究结论与政策建议

经过理论分析，本文构建了围绕创新动力、内容与目标的两类创新融合的理论分析框架，总结出市场导向下的融合机制和公共政策导向下的融合机制，提出了窗口模式等五大融合模式、理实交融等四条融合路径。

当前，全球化竞争激烈，科技创新和商业模式创新都面临机遇和压力。两类创新融合既是实现自主创新、可持续创新和社会全面进步的必由之路，也是进一步释放改革红利、适应国际和国内供求结构变化、推动经济转型以及增强经济主体活力的内在要求。因此，针对两类创新融合提出以下政策建议：

（1）构建支撑平台，促进信息化与工业化的融合。发现和认识市场对两类创新融合的需要，利用资本市场、技术市场、人力资源市场建立以互联网为主要介质的各类支撑平台，为两类创新融合提供支持和便利。

（2）在高新技术企业或创新型企业试点中纳入商业模式创新考核指标。在政府主导的创新未得到根本转变的情形下，通过在高新技术企业或创新型企业试点中纳入商业模式创新指标来调动各方积极性，促进企业两类创新的融合。

（3）保护科技创新成果，促进其与商业模式创新的融合。两类创新的融合水平，取决于科技创新成果的保护和运用水平。通过保护科技创新成果，使其权利人的正当利益得到有效保护，从而提高其参与经济活动的积极性，充分发挥科技创新成果在商业模式创新中的作用。

（4）财税等公共政策的引导。尽早制定商业模式保护制度和实施办法；设立扶持商业模式创新及电子商务、工业设计等领域的商业模式创新专项资金；鼓励传统企业通过两类创新转型为新型业态企业；建立或激活协同创新机制；在制定产业政策时，推动企业利用科技创新，从制造业向服务业转变；完善人才政策，促进人才向企业创新部门的聚集；建立并共享两类融合的案例库，促进融合机制和经验的转移。

（5）凝聚和强化以“中国梦”“创新梦”为内核的民族创新精神。政府应通过倡导和引导公众、科研人员和企业等创新活动主体，在民族精神、企业家精神和团队精神中置入创新精神的内核，促进两类创新融合。

参考文献

［1］ ZOTT C, AMIT R. The fit between product market strategy and business model: Implications for firm performance［J］.Strategic Management Journal, 2008, 29（1）: 1-26.

［2］ HAMLENG. Leading the revolution ［M］.Boston: Havard Business School Press, 2000.

［3］ AMIT R, ZOTT C. Valuation creation in e-business［J］. Strategic Management Journal, 2001, 22（6-7）: 493-520.

［4］ 陈颉，李娜．科技企业孵化器商业模式构建研究——基于天津地区多案例分析［J］．科技进步与对策，2013（9）：90-95．

［5］ 代明，殷仪金，戴谢尔．创新理论：1912—2012——纪念熊彼特《经济发展理论》首版100周年［J］．经济学动态，2012（4）：143-150．

［6］ 胡萍．我国互联网发展现状和CNGI的应用前景分析［J］．科学管理研究，2008（6）：21-24．

［7］ 刘伟，黄紫微，丁志慧．商业孵化器商业模式创新描述性框架——基于技术与资本市场的创新［J］．科学学与科学技术管理，2014（5）：110-119．

［8］ 乔新生．韩国科技起步晚中国10年为何反超［J］．科教文汇，2005（Z1）：10-11．

［9］ 王永生．大数据时代的商业模式创新研究［J］．南京财经大学学报，2013（6）：47-51．

［10］ 张煊，孙跃．产学研合作网络的创新效率研究——来自中国省域产学研合作的数据证明［J］．山西财经大学学报，2014（6）：59－66．

［11］ 周守华，汤谷良，陆正飞，等．财务管理理论前沿专题［M］．北京：中国人民大学出版社，2013．

中国大学面临的创新创业挑战问题

周化钢　卢玉光

（南宁学院）

摘　要　在中国的创新创业的热潮中，我们从中国大学现有的环境中发现一些创新创业面临的问题，并在几个方面提出了相应的对策：应试教育向应用技术教育的改变，毕业论文与实习的改变，开放式教育体制和课程设置灵活性的改变，学籍管理的改变，以及高校创新创业生态圈培养。我们认为，通过这些改革，才能更好地实现创新创业的目标。

关键词　创新创业　高校创新创业　创业生态圈　高校改革

1.引　言

西方的科技进步，开始让我们反思中国“世界大工厂”的形象，这个形象就是模仿和加工，没有科技创新。李克强总理在2015年第十二届全国人大三次会议的政府工作报告中提倡的大众创业、万众创新，掀起了大学生创新创业热潮。2015年10月20日，首届中国“互联网+”大学生创新创业大赛总决赛在吉林长春举行。李克强总理对大赛作出重要批示，批示指出：大学生是实施创新驱动发展战略和推进大众创业、万众创新的生力军，既要认真扎实学习、掌握更多知识，也要投身创新创业、提高实践能力。这一系列活动的开展，引发了我们对目前中国大学面临的创新创业挑战的思考。

2.应试教育向应用技术教育转变

中国一向以应试教育为主，中国学生在应试比赛中总能取得很好的成绩，这种教育方式的最后结果是：培养的学生是书呆子，而不是工程师和技术员，没有创新的思考能力。西方的教育以创新教育为主，学生可以挑战任何一个领域的理论方法。所以，应试教育的课后作业都是以选择题、填空题来匹配这一领域的理论方法，很多学生的学习方法是背诵这些理论，而不是带着思考去理解这些理论。西方教育的很多课后作业都是问答题，让学生通过自由思考来回答问题，并不会因为你的回答和现有的理论一致就可以得满分，若你对现有的理论提出了异议，也可以得满分。这就是西方教育能培养出创新人才的基石。记得在加拿大读研究生期间，每个星期，老师都会布置学生阅读与课程有关的论文资料，然后对该论文写评论，但是不能抄袭，一旦发现抄袭，这个作业就得零分。即使你没有新的看法，但是没有抄袭，也不会不及格。所以说，西方的创新教育，培养的是突破传统理论、敢于挑战传统理论的学生，而中国的应试教育，只能让学生模仿现有的理论，培养“山寨版”的学生。

3.毕业论文向实习工作报告或应用技术实践报告转变

传统的毕业论文都是以做学术论文为主，当前学生的教育，还是以应试教育为主，本科学生，无法在相关领域有充分的时间进行研究，所以，很多论文都出现了抄袭的现象，指导老师也只能睁一只眼闭一只眼让他们过关。所以，在推行创新创业理念的时代，应该改变毕业论文的传统做法。大家知道，论文最基本的要求之一是必须在一个领域提出新的思想或看法，但是，学生毕竟在这个领域没有那么多的经验，短时间内是无法提出新的思想和方法来完成毕业论文的。所以，我们提倡，毕业论文应改为毕业设计，毕业设计是指实习工作报告，或学生通过自己摸索学习某一项应用技术的实践报告。例如，学生学习安卓手机的开发环境的搭建，总结学习过程和经验，这样的毕业设计，学生更容易做出来，而没必要去抄袭，自己动手，来培养创新创业的火苗。

4.教学制度向开放式教学改变

传统的教学模式是强制性学习，每一门专业课程基本上是按制定好的教学大纲讲授，这样无法让学生向感兴趣的方向发展。例如，对于喜欢系统维护管理的学生，强制其去学习过多的编程语言，容易使学生变成被动学习和应付学习来混学分，不如让学生自由选课，学习感兴趣的、与自己发展方向有关的课程。美国斯坦福大学计算机本科专业不设置方向，专业本身不设人数限制，一个学生可以自由选修一个或多个方向的课程，只要修满符合该专业的课程就可以毕业，学生甚至还可以随时改变专业，修选其他专业的课程。所以，我们的教学制度应该在基础课上完以后，让学生在专业老师指导下，自由选择课程，自由制定自己的学习目标和方向，在学生完成学业后，根据学生的专业选课情况，再给学生一个专业方向定位。例如，选择网络课程较多的学生，毕业专业方向应定位为计算机网络专业，选择计算机编程语言、软件开发课程较多的学生，可以定位为软件专业等。

5.课程设置的灵活性

大学的课程设置体系都是以4年周期的人才培养方案制订的，在这个4年的学习期间，行业新技术、新理论的不断出现，造成我们的课程设置落后于行业的发展。所以，我们的教学计划就不能停留在按部就班、墨守成规的4年前制订的人才培养方案上，特别是在专业选修课上，要与时俱进，老师要不断地更新自己的专业知识，开设与行业新技术同步的课程，让学生接触到行业的最新科技成果和理论的发展，让学生一毕业进入行业就能适应行业的技术要求，而不能让学生感到大学4年学习的都是基础理论，与社会差距太远。

6.实习方式的转变

不要把实习统一到大四才开始，一旦开始上专业课程，就可以让学生选择实习的时间，而不是压到大四最后一学期，造成实习高峰，企业和社会无法容纳那么多的学生，造成一个岗位有多个学生，以致实际效果不是很好。每一个暑假都是学生很好的实习机会，每个暑假放假前，都应该组织企业进行实习招聘活动，只有在学习过程中参与了企业的实习，才能认识到自己在专业方面的不足，在下一学期开学的时候可以有针对性地选修一些课程，来弥补实习中发现的不足。

7.学籍管理的转变

传统本科4年制的学籍管理，应该变成浮动式学籍管理，学生的毕业应该以学分修满为标准，而不是以4年为毕业年限。学生在大二以后可以选择时间去实习或者创业，在实习和创业过程中，才能发现问题，知道自己需要什么，再回到学校选课完成学业。西方创业教育有很多很好的例子，比如微软公司的比尔·盖茨、戴尔公司董事会主席迈克尔·戴尔都是没有完成大学学业但创业成功的典范。所以说，灵活的学籍管理，可以让学生在创业过程中没有后顾之忧，即使创业失败，还可以回学校继续完成学业。

8.科研经费管理制度的改变

中国大学科研制度基本是从中央到地方的管理方式，科研经费更多地来源于国家教育部、科技部、自然科学基金、社会科学基金等。虽然2016年中国高校来自于企业的科研经费相比2015年增长不少，但距离满足需求还有一定差距。这样的科研制度促使科研课题结题以后，无法较好地转化成产品或产业化。创业的前提是创新。企业、风投公司注重的往往是一个项目的创新内容，以此为据，决定其注入资金。简而言之，没有创新就谈不上创业。所以，应该把科研经费管理的体制改变成创新创业经费管理的体制。今后应该进一步加大企业创业基金在科研经费中的占比。同时，政府和学校应该鼓励更多的企业基金、风投基金进入校园，淡化科研而增强创新创业经费的投入。

9.高校创新创业生态圈的构建

关于创业生态系统的文献很多，创业生态系统理论首先由西方学者提出，中国学者进一步发展。周方涛（2012）把创业生态环境分为创业支撑环境、经济市场环境、社会文化环境和生活服务环境四个子环境，科技创业人才居于环境之中，资金、信息、技术、服务以及人力、设备等社会资源通过系统内含的流通渠道向科技创业人才及其创业组织汇集，生产出产品、技术、知识或者服务流向市场。段琪（2015）提出了高校科技创业生态系统，将创业主体聚焦于持有技术的高校科研人员，同时鉴于其创业内容的高技术性，将其依存的创业生态环境称为高校科技创业生态系统，并将其概念界定为：在高校及科研院所的空间内，以持有技术的、自主创业的科研人员为中心，其与外界所形成的相互联系、相互影响和相互作用的动态平衡系统。其实，一个地区的创新创业生态圈的建立，除了政府的各种鼓励政策，以及创业园、孵化器和创客空间建设外，最重要的一个环节就是在高校里面培养创新创业的环境。

9.1 兴趣爱好的社团、协会

一个地方的创新创业发展，应该从高校开始打造创新创业文化，其中包括鼓励学生参加、建立各种兴趣爱好社团、协会，举办各种学术交流会等。在这些社团活动开展过程中，往往会激发一些创新创业的思想。

9.2 行业的小型研讨会

高大上的学术会议，往往是学者云集的地方，而忽略了普通学生的参与性。在一些发达地区，都会有各种行业的小型研讨会，而这些小型研讨会都是民间企业或协会自发组织的，没有政府的参与。例如，广州的Python-Tech沙龙会，是由一些Python编程爱好者组成的，深圳、广州的创源会是由开源中国网站组织的小型论坛会，这些小型的学术交流会，成本低，没有会务费，甚至完全免费，演讲者都是来自于一线的企业工程师，演讲的内容都是最新的IT技术和经验，听众除了企业人员外，还吸引了高校的学生，让学生接触到行业的最新技术，而不是课本的东西。这种小型沙龙方式的学术研讨会，能营造一种创新创业的精神。这也是我们常常提到的协同创新、协同育人的一部分。

9.3　校友创业演讲

营造创业文化气氛是非常重要的一个环节。在创业文化盛行的美国，科技创业英雄会得到校方与社会各界的褒奖，经常受邀回母校演讲，也是社会慈善捐赠事业的参与者，其成功历程激励着在校学生投身创业。美国的许多成功企业家都热衷于给母校捐款，并被邀请回母校进行演讲，激励在校学生的创业精神。

10.结　论

中国大学要建立一个创新创业的学习环境，还有很长的路要走，首先是教学体制的改革，包括应试教育、毕业论文与实习方式、学籍管理、教学方法及教学内容的一系列改革。不能固守成规，要敢于打破传统的高校办学模式，才能培养出一个良好的创新创业生态圈。在这样一个宽松的环境下，增加学生更多自由学习的权力，才能树立创新精神，激发创新的思想，实现创业的目标。

参考文献

［1］段琪，麦晴峰，汪波，等．基于扎根理论的高校科技创业生态系统研究［J］．科学学与科学技术管理，2015，36（11）：159-168.

［2］申恒运，陈福生．美国研究生科技创业能力培养机制及其启示［J］．学位与研究生教育，2011（4）：74-77.

［3］周方涛．科技创业人才生态系统略论［J］．科技管理研究，2012，32（18）：128-131.

［4］周围围，吴楚，卢冠琼．解读大众创业、万众创新：李总理期待激发青年创新创业基因［EB/OL］．（2015-03-08）．http：//news.youth.cn/gn/201503/t20150308_6512329_1.htm.

中小微创新科技型企业融资渠道研究

梁　婧

（广西财经学院）

摘　要　高新技术产业是我国国民经济主导产业之一，中小微企业数量居多且分布较广，是科技创新和提供就业的重要力量。中小微企业具有较强的创新性和灵活性，也具有高风险、轻资产特点，正因如此，其在融资来源上容易遇到困难。本文从中小微科技创新企业融资需求特征出发，通过分析其发展情况和融资现状，借鉴发达国家中小型科技创新企业融资体系的经验，提出改进我国中小微科技创新企业发展的融资模式建议，从而推动高新技术产业发展。

关键词　中小微科技创新型企业　融资渠道　众筹

作为我国国民经济的重要产业之一，高新技术产业是科技创新和就业提供的主要源泉，其中以中小微企业数量居多且分布较广。中小微创新科技型企业对广西经济发展的贡献功不可没，既是基础又是引领。然而创新科技型中小微企业在初创期会面临各种各样的风险，导致其创业资金来源渠道狭窄，难以融资。本文就中小微创新科技型企业融资渠道进行研究，通过分析广西科技型中小企业的发展情况、融资现状以及存在的问题，提出完善广西中小微科技创新型企业的融资模式建议，从而推动高新技术产业发展。

1.引　言

创新是引领发展的第一动力。十八届五中全会指出，十三五“必须把创新摆在国家发展全局的核心位置，不断推进理论创新、制度创新、科技创新、文化创新等各方面创新”。创新驱动是经济新常态下推动我国经济发展的主动力，既可以有效避免要素驱动不断下滑的困扰，又可以有效化解投资驱动带来的供给侧刚性的矛盾。

高新技术产业是我国国民经济的主导产业之一，以中小微企业数量居多且分布较广，是科技创新和提供就业的重要力量。中小微企业具有较强的创新性和灵活性，也具有高风险、轻资产特点，正因如此，其在融资来源上容易遇到困难。本文从中小微科技创新企业融资需求特征出发，通过分析其发展情况和融资现状，借鉴发达国家中小型科技创新企业融资体系的经验，提出改进我国中小微科技创新企业发展的融资模式建议，从而推动高新技术产业发展。

我国正大力实施创新驱动发展战略，加速推进“大众创业、万众创新”。科技型企业作为创新经济形态的细胞，是实施创新驱动发展战略、践行“双创”政策的重要组成部分，其发展将是实施创新发展战略成败的重要影响因素。然而，我国传统融资渠道带来的金融资源错配及科技金融发展滞后且不平衡，未能满足创新的融资需求，导致科技型企业特别是科技型中小企业面临融资困难，为此，我国2015年政府工作报告提出“加快实施创新驱动发展战略，改造传统引擎，打造新引擎”。

2.广西中小微创新科技型企业融资模式现状

2.1　融资来源相对单一

由于治理结构简单、经营稳定性弱、抵押资源短缺、信息透明度低等原因，中小微创新科技型企业的融资来源相对单一，融资成本相对较高，不仅难以通过发行股票、债券从资本市场上获取资金，而且也达不到商业银行设置的贷款门槛。中小微创新科技型企业的融资方式大部分来自于内源融资，因此很容易出现资金不足的情况，影响企业发展和进步。

2.2　政府支持力度上升

随着科技强国新号角的吹响，近年来我国对中小微创新科技型企业的发展非常关注，将其视为推进经济持续健康发展的重要组成部分。为了解决中小微创新科技型企业融资来源困难问题，政府出台了一系列相关融资政策，如税收优惠、无偿资助、贷款贴息、创业基金等，在一定程度上为其提供新的融资途径，从而大力支持企业创新项目。

2.3　创业风险投资金融体系未完善

虽然广西科技成果转化获得了一定的进步，但与经济发展还存在“两张皮”情况，特别是在财政资金支持的科研成果转化方面尤其突出。究其原因，主要有两点：一是研究选题的确定与经济发展联系不够紧密；二是科技成果转化为生产力的比率较低。科研机构对科研项目的先进性、可行性相对熟悉，但对金融业务的运作模式较为陌生，导致科研项目融资滞后，影响科技成果转化进度。与其相反，金融机构熟谙其业务的运作模式，却对科研项目技术的发展趋势很生疏，在项目投资上犹豫不决，因而减缓了科技成果转化步伐。如今快速兴起并流行的风险投资（VC）对中小微创新科技型企业的融资方式来说，是一个不错的选择，但风险投资倾向于处在成熟期和稳定期的企业，对于初创期企业并没有太多的兴趣。风险投资行业的疲软，将阻碍大多数有潜力的广西创新科技型中小微企业的发展和前进。

2.4 财政资金投入力度过低

财政部门对广西创新科技型中小微企业的认识，基本只停留在表面，并不深入。首先，作为创新“领头羊”的创新科技型中小微企业，在广西的经济发展中起到不可或缺的作用，但我们对其宣传的力度不够。其次，我们对本土创新科技型中小微企业的风险认识不足，往往把其当作一般企业看待，常常会忽视其风险和外溢效益。正是由于我们对这类企业缺乏全面的认识，同时财政资金使用绩效评价制度的不完善，使得广西创新科技型中小微企业在财政资金的获得上缺少支持力度。

2.5 融资环境较为落后

企业融资需要在一定的环境下进行，然而广西创新科技型中小微企业融资环境建设相对落后，主要体现在三个方面：一是融资信息平台较少，资金筹集者与融资者信息不对称，双方难以相互熟悉；二是信用信息系统未建立，金融机构和投资者对企业的信用情况难以了解；三是制度建设滞后，保障机制不健全。融资与投资不是简单的财务活动，其涉及面广，环节多，从洽谈、签约、拨款，到财务管理、风险控制、款项归还等环节，都应有规章制度作保障，在这方面广西仍有很大的空间需要提升。

3. 中小微创新科技型企业融资新模式探析

3.1 建立健全创新基金体系

扩大创新科技型中小微企业技术创新基金规模，完善结构、规范制度、优化程序、提高绩效，建立创新基金运作体系，支持中小微企业技术创新，为企业发展提供强大的资金后盾。大力推进科技金融创新，探讨科技型企业贷款担保、知识产权质押、科技保险和上市融资等形式，解决中小微企业科技创新融资难题，为中小微企业提供充足的资金支持。为引导和带动社会资本参与科技创新、支持自主创新成果转化与产业化、引导中小微企业加大研究开发投入，可以设立产业技术创新与科技金融结合专项资金，以科技金融方式解决中小微企业资金缺乏、融资难的问题。在引导风险投资和创业投资的基础上，鼓励社会资本投入初创期、成长期的中小微企业，设立科技小额贷款、科技担保、科技融资租赁公司，建立创业投资资金，带动社会资本扶持高新技术中小微企业，让市场无形之手和政府有形之手有机结合、相得益彰。优化科技资源配置，建立无偿与有偿并行、事前与事后相结合的财政科技投入机制，采用多元化、立体化的组合投入方式，进一步创新投入机制。

3.2　完善企业信用信息系统

中小微企业由于规模小、资金少、管理不完善等特点，普遍存在信用评价较低、信息披露不齐全等问题，相关数据反映出的关于企业财务状况或经营成果的信息未必真实。金融机构仅能鉴于企业发布、提供的公开信息对其进行了解，但这些信息可能会与实际存在偏差，难以判断企业真实的经营状况和财务风险，这就是银行等金融机构对中小微企业融资设置高门槛的主要原因之一。随着信息技术的迅猛发展，在互联网金融日益发达的今天，借助互联网的力量让中小微企业信息变得相对透明，融资也能相对顺利。政府可与互联网企业合作，一起研究建立完备的中小微企业信用信息数据库系统，从而为中小微企业在融资渠道上提供更高效的链接，为创新科技提高更优质的保障。企业信用信息系统的建立可以广泛收集中小微企业信用信息，通过定期信息征集和信用评定，提升中小微企业信用等级，增强其信用意识，从而获得更多的资金进行科技创新。

3.3　设立贷款风险补偿机制

利用专项财政扶持资金设立中小微创新科技型企业贷款风险补偿资金，用于鼓励金融机构加大对中小微企业信贷支持力度，有效分散、化解科技信贷风险，加快产业发展。该资金应优先用于支持符合国家产业政策的中小微企业，特别是具有自主知识产权、创新能力较强、科技水平较高、市场前景较好、具有经济效益和社会效益的中小微企业。政府部门与银行建立合作关系，利用财政资金杠杆作用，促使合作银行研发专用于创新科技型中小微企业的融资产品。政府与银行的合作越紧密，企业融资将越便捷，获得贷款的企业数量将会更多，融资难问题将得到缓解。

3.4　合理运用众筹平台

众筹是近几年兴起的新的融资模式，由发起人、跟投人和平台构成，利用互联网传播的特性，采用“团购+预购”的形式向社会大众募集项目资金。众筹的目的是给予中小微企业、艺术家或个人向公众展示其想法和创意的机会，争取大众的关注和支持，从而获得项目所需要的资金援助。众筹因具有低门槛、多样性、依靠大众力量、注重创意的特点，普遍受到中小微企业和个人的喜爱，对其来说，是个不错的成本较低的融资方式。众筹通过网络平台连接赞助者与提案者，从社会大众处募集到的资金可用作支持各种活动，如科学研究、创业募资、艺术创作、设计发明等方面。传统的风投项目基本来源于关系网的推荐，而众筹平台除了为其带来更多的项目，同时也拥有更高效的机制对这些项目进行审核，这样与企业家沟通就更快捷方便，投资决策过程也更加合理。

截至2016年，我国国内市场上的众筹平台主要是为产品众筹，在这个平台上，中小微企业先预售自行开发的产品，然后把预售募集到的资金用于产品生产。产品众筹的本质仅仅是产品销售，并不涉及企业资本结构、股东变化等问题。众筹模式从商业和资金流动的角度来看，其实是一种团购的形式，其所有的项目不可用股权或资金作为回报，而是以实物、服务或者媒体内容等作为回报，项目发起人更不能向支持者许诺任何资金上的收益。从这个角度来说，众筹对一个项目的支持属于购买行为，而不是投资行为。创新科技型中小微企业在研究和投入市场期间需要大量资金，由于银行、投资机构等融资门槛高，加上中小微企业在初创期创造资金的能力弱，没有充足的自留资金，因此众筹平台为其前进提供资金，从而对社会经济发展发挥积极作用。

4.结　论

我国政府可从本国经济社会发展状况出发，通过完善相关的法律体系，逐步形成以政府引导、银企对接以及中小微企业间接融资为主的融资模式，鼓励企业采用众筹等新融资模式，为其提供宽松的融资环境，营造朝气蓬勃的中小微企业创新氛围，为高新技术产业的发展提供强劲动力。

参考文献

［1］陈红川．高新技术中小微企业融资新思路研究［J］．政策研究，2015（8）：20-22．

［2］陈莉存．科技型中小企业融资渠道分析［J］．财会通讯，2009（11）：25-27．

［3］李彩云．构建广西科技型中小企业融资体系研究［J］．经济与社会发展，2014，12（3）：7-12．

［4］荣晓峰，刘琳，董川．互联网众筹融资促进科技型小微企业发展研究［J］．会计之友，2016（6）：40-43．

［5］吴群．“互联网+中小企业”的发展致思［J］．理论探索，2016，217（1）：103-107．

［6］谢明辰．新常态下中小企业融资渠道的创新研究［J］．宿州学院学报，2016，31（4）：22-26．

论创新科技企业的融资困境

区梦怡

（广西财经学院）

摘　要　近年来，创新科技企业在我国国民经济和社会发展中起着越来越重要的作用，创新科技企业受到了社会各界的广泛关注。科技是第一生产力，但是要把科技顺利转换为生产力需要有资金的投入。创新科技企业自身拥有的资源稀缺，在开发科技转换为生产力的时候又需要大量现金的投入，但是我国对科技创新企业的资金投入严重不足，导致我国的科技转换为生产力这一问题具有更加重要的现实意义。

关键词　创新科技企业　融资资金

1.我国创新科技企业融资渠道的困境

1.1　外在因素

1.1.1　融资渠道存在问题

尽管政府现在大力推进创新科技企业的发展，但是创新科技企业在其发展的过程中仍困难重重，其中融资渠道存在的问题一直是创新科技企业发展中的拦路虎。如何完善融资渠道成为创新科技企业发展的关键问题。目前创新科技企业的融资渠道比较单一，其中直接融资一般来自创业者自身和其家人的资金，在间接融资方面，由于风险投资和天使投资缺少相应的法律环境和社会环境，发展速度比较缓慢，发展地区主要分布在北京、上海等经济发达地区，没有形成较大的规模。风险投资主要对处于成长期的创新科技企业进行投资，而对于还未进入成长期、风险更大的创新科技企业的投资严重缺乏，而且其规模和数量远未达到市场需求。

1.1.2　银行贷款难度大

第一，由于银行对风险的规避，各商业银行实行“审贷分离”“贷款风险终身责任制”等，信贷人员一般都会忽视创新科技企业这类风险很高的企业而选择风险低的国有大型企业，对于创新科技企业这类小规模企业，银行发放贷款的几率很低。

第二，由于在我国企业融资过程中频繁出现会计师事务所联合企业做假账等情况，导致市场信号受到严重扭曲，交易中信息不对称程度加大，融资成功率下降，影响创新科技企业的融资。

第三，由于银行对于自身的成本管控，创新科技企业的贷款频率高，但是贷款金额较少、风险较高，而国有大型企业贷款频率低、金额大、风险低，虽然银行给创新科技企业的贷款利率高，但是给创新科技企业贷款的成本还是高于给国有企业贷款的成本。

综上，银行希望降低自身风险，降低自身成本，所以对创新科技企业的贷款拒绝率一直居高不下，导致创新科技企业的银行贷款难度极大。

1.1.3 融资机构发展滞后

在我国，只有较少的金融中介能为创新科技企业提供担保，但是担保机构是提高创新科技企业银行贷款成功率的重要机制。相对于我国现在蓬勃发展的创新科技企业来说，为创新科技企业提供担保的机构数量非常稀缺。正是由于这种稀缺性，担保机构在为创新科技企业提供担保时，需要创新科技企业提供非常多的担保证明，导致担保费用过高、手续繁杂、时间过长，为创新科技企业的银行贷款申请设置了障碍。由于融资中介发展滞后，有些担保机构自身资金不足，本身就面临破产倒闭的风险，根本就不能为创新科技企业提供担保。

1.2 内在因素

1.2.1 信息不对称严重

首先，在通常的融资中，投资方通常能通过企业规模、企业信用记录、企业财务状况等指标来判断企业是否是适合投资的企业，但是由于创新科技企业的高科技背景，涉及的技术知识往往投资者难以掌控，导致投资者不能对创新科技企业做出合理的判断，而一般的金融机构对于创新科技企业的各项质变难以量化评价，不能打破知识壁垒给投资者量化的信息，导致投资者不能做出理性的判断，而具备相关知识的投资者比较少，使得很多投资者不会投资创新科技企业。其次，创新科技企业由于其科技在没有商业化的时候不能对其做出价值判断，而且对于不同的创新科技企业判断标准也不同，投资者也不能借鉴之前投资成功的案例进行判断，导致投资难度进一步加大。最后，由于创新科技企业的内部制度不完善，资金去向不明确，投资者对于资金的把控能力较低，加大了投资者的风险，所以投资者往往不会选择创新科技企业进行投资，这也加大了创新科技企业的融资难度。

1.2.2 风险较高

第一，由于创新科技企业创业者主要从事的是科技的开发，而经营管理能力有所欠缺，企业的经营需要的是管理者具有的领导能力、管理能力、沟通能力、组织能力等一些创新科技企业的创业者所不具备的能力，而且创业者对经济知识理解缺失，导致其不希望聘用外来的管理者对企业的经营进行管理，创新科技企业的创业者对企业进行管理会加大企业的风险。

第二，创新科技企业的发展主要取决于其科技商业化之后是否能在市场上占有一席之地，但是在未进行商业化之前，几乎不能对其价值和将会带来的价值进行量化分析，即使能对其进行准确的量化分析，但是在科技日新月异的今天，不能预判创新科技企业的核心技术在商业化之后是否还能达到预期的价值或者是否还是市场所需的商品。

以上两点导致创新科技企业的风险极高。

1.2.3 缺少可评估资产

由于创新科技企业主要以无形资产（专利）为主，而无形资产的价值很难可靠地计量，这导致投资者在对创新科技企业进行评估时无法正确评估出创新科技企业的资产价值，不能合理评估企业的风险，导致投资者无法做出投资决断。而在这种情况下，投资者将会选择一些可以评估风险的企业进行投资，由此加大了创新科技企业的融资难度。

2.解决方法

2.1 政府加大管控

2.1.1 完善政府机制

第一，政府应加大对创新科技企业和投资者的支持，如加拿大政府的“对个人风险投资的补助”，日本政府的“技术开发补助”，新加坡政府的“投资亏损补贴”，英国政府的“对创新方式的资助计划”等，降低风险投资的风险，使创新科技企业更容易得到资金的支持；第二，政府应减少创新科技企业的税收，使创新科技企业更容易受到税收优惠政策的影响，使创新科技企业更容易生存发展；第三，政府应加大对创新科技企业的补贴力度，使刚刚发展的企业即使没有很好的融资渠道也能将现有科技商业化而获得利润；第四，健全风险防范机制，规避科技领域的风险，增加对创新科技企业的保险品种，降低风险投资的风险，使投资者更愿意投资创新科技企业。

2.1.2 给予银行相应的政策

给予商业银行在对创新科技企业贷款时，减免其应交税费，降低其贷款给创新科技企业的成本，当给创新科技企业贷款的成本远小于给国有大型企业的成本时，银行也会积极地给予创新科技企业贷款。

2.1.3 加快融资中介的建设

一是完善金融市场，这样才能提供合理有效的金融贷款给创新科技企业；二是加大融资机构人员的培养，使融资机构能打破知识壁垒，向更多的潜在投资者分析说明创新科技企业的无形资产的价值和其商业化之后会带来的利润。

2.2 企业加强自我管理

2.2.1 制定企业管理制度

创新科技企业应建立良好的企业内部管理制度，明确投资者资金的流向，使投资者清楚了解其投入资金的用途，减少因知识堡垒带来的信息不对称，加大投资者对企业财务状况的了解程度，提高投资者的投资信心。

2.2.2 树立良好的信誉

如果创新科技企业有良好的信誉，即使企业的资产没办法可靠地评估，或者可评估资产较少时，投资者也会根据创新科技企业的信誉，提高对创新科技企业的评价，从而对创新科技企业进行投资。

3. 结　论

"科学技术是第一生产力"，这句话充分说明了科技的重要性，但是如果没有充足的资金投入创新科技企业，创新科技企业的科技没有办法商业化，没有办法获取更多的资金进行下一步的研究开发，会使得我国的科技进展缓慢从而影响我国经济的发展。所以，政府和创新科技企业自身应做出相应的努力，加快创新科技企业科技的商业化进程，减少我国科技发展的障碍，加快科技的发展。

参考文献

[1] 房汉庭. 发展创业金融解科技型中小企业融资之困局 [J]. 中国科技产业，2004 (11)：33-35.

[2] 林毅夫，李永军. 中小企业融资困难的成因和根本解决思路 [J]. 今日科技，2004 (3)：27-28.

[3] 袁萍. 中小型科技企业创业融资研究 [J]. 经济师，2006 (2)：160-161.

关于广西“双创”国有资金管理的几点思考

梁艳娟　覃幼洁

（广西财经学院）

摘　要　创新驱动引领我国乃至世界各领域的发展。本文立足于广西目前创新创业资金投入状况及取得的成效，分析现阶段创新创业资金分配、使用及监督等管理环节存在的问题，结合当前广西区域定位及发展框架和发展政策提出针对性的意见。

关键词　创新创业　资金管理　广西区域发展

党的十八大以来，党中央明确要求把广西建设成为我国面向东盟的国际大通道、西南中南地区开放发展新的战略支点和“一带一路”有机衔接的重要门户。继北部湾经济区发展规划、珠江-西江经济带发展规划之后，国家还将出台“一带一路”建设战略规划和左右江革命老区振兴规划，实现国家战略全覆盖。然而，广西壮族自治区目前作为后发展欠发达地区，产业基础相对薄弱，传统资源型产业比重高，战略性新兴产业比重低，创新驱动成为推动“三去一降一补”的关键环节。广西壮族自治区应及时抓住创新创业浪潮，将创新创业作为广西创新驱动发展的最佳切入点，带动整体经济、社会的发展。

1. “双创”资金投入的现状及成效

2014年9月10日，在夏季达沃斯论坛上，李克强总理第一次提出“大众创业、万众创新”，强调要形成“万众创新”“人人创新”的新态势。2015年《政府工作报告》提出，要把“大众创业、万众创新”打造成推动中国经济继续前行的“双引擎”之一。2014—2016年，李克强总理多次就“大众创业、万众创新”发言，强调创新创业的重要性。广西壮族自治区政府深刻领悟中央领导人的“双创”工作指导方针的最终目的，及时出台了创新创业相关引导政策，同时注重资金的有效投入。

1.1　出台系列政策文件，为创新创业提供了有力的导向

广西壮族自治区及各市县均在政策文件上下了功夫，自治区先后出台《广西大力推进大众创业万众创新实施方案》《关于实施创新驱动发展战略的决定》《广

西科技创新“十三五”规划》《广西进一步强化企业创新主体地位实施办法》等系列政策文件，南宁、玉林等各市县地区人民政府也根据上级要求，结合本地区实际特点出台了创新创业实施方案及办法。这一系列文件的出台为广西整体“双创”工作创造了落地的条件，并为创新创业提供了导向。

1.2 及时投入专项资金，为创新创业注入了新鲜血液

为保障政府引导性政策能够落到实处并有效发挥作用，广西非常重视争取国家相关专项资金的支持，并利用区级财政收入不断加大各项创新创业资金的投入力度。

2016年度广西区“双创”工作会议统计数据显示，2015—2016年共投入专项建设基金9.9亿元、中央补助资金4 000多万元，自治区政府投资引导基金出资4.6亿元，设立广西战略新兴产业、北部湾创新发展、红土科技创业等3只子基金，同时，全区农民工创业贷款发放总额5.21亿元。

1.3 创新创业阶段性效果可喜，为创新创业工作增添了无比的信心

随着各项专项资金的投入，各项创新创业政策在实践中也不断完善，广西“双创”工作成效初显，这也为我们进一步开创“双创”工作新局面增添了信心。截至目前，全区已有50多家各类国家级创新平台。广西积极引进腾讯上海众创空间合作伙伴运营团队，合作共建了广西首家众创示范基地，带动提升广西创业平台总体水平。中国-东盟信息港加快建设，吸引创新资源在广西集聚，南宁·中关村“双创”示范基地落地南宁，“互联网+东盟+中关村+南宁”模式开创广西“双创”工作新模式。一批创业孵化、众创空间和创业创新基地蓬勃发展。

据自治区科技厅统计数据，截至2016年11月，广西已认定的30家科技企业孵化器共有在孵企业1 400多家，提供就业岗位2万多个。从产业发展的角度来看，南宁、柳州、桂林3个区域初具孵化器产业集群雏形，孵化器服务链逐步形成。

据人设厅统计数据，截至2016年10月底，全区共认定创业孵化基地101个，众创空间型创业孵化基地3个，累计2 468家企业和项目入驻孵化，直接带动就业近1.5万人。此外，全区共组织返乡农民工创业培训4.27万人，培训后成功创业8 198人，实现就业1.23万人。支持各市、县分两批建设28个示范性农民工创业园，第一批14个创业园累计已有入驻企业262家，累计吸纳农民工就业8 752人。

2.“双创”资金管理存在的问题及改进措施

随着“双创”专项资金不断发挥成效，创新创业工作在广西一步步取得可喜

的成绩的同时，我们更应该清醒地意识到当前的创新创业资金存在着不可忽视的问题。

2.1　资金针对性不足，应结合区位战略使用

双核驱动是广西区提出的重大战略举措，旨在深入落实并主动服务国家战略。创新创业工作的目的在于为优化“两区一带”区域发展总体布局，打造北部湾经济区、西江经济带这两大核心增长极，辐射带动左右江革命老区加快振兴，奋力开创“双核驱动、三区统筹”开放发展新局面而服务。然而，当前创新创业的资金投入局限于按照社会保障模式，未能结合广西目前的实际情况。

针对这样的问题，笔者认为，“双创”资金的分配及使用应充分结合发展定位自主细化专项资金的分配，同时，发挥资金的专向性引导各市县有针对性地发挥其区位优势进行创新发展。例如，北海、钦州、防城港应充分结合北部湾发展战略，针对性地进行海洋产业创新发展战略研究和实施。

2.2　资金沉淀已久，应提高资源配置效率

基于“双创”导向性政策的不断出台，中央、自治区甚至市县都设立了创新创业资金，这些资金的使用效率效果就成了社会各界密切关注的问题。然而，从财政资金审计情况以及财政使用部门的总结中得知，在当前“双创”一波波高涨的浪潮中，相关专项资金仍然存在沉淀问题。例如，广西走在全国前列出台的农民工创业贷款担保政策资金、农民工创业贷款贴息专项资金、各县域创业园建设资金以及高校专项科研经费等都存在一定比率的历年沉淀资金。

资金沉淀原因多样：一方面，专项资金配套制定的使用方法照搬上级模式，没有结合实际需求，源头分配不合理，地方不具备使用资金要求的条件；另一方面，资金考核制度缺失，各部门宣传力度不足，同时缺乏资金使用的主动性和积极性。此外，部分项目验收指标过于严谨，提高了资金使用的门槛。

对此，应综合采取措施提高资金资源配置及使用效率。首先，应结合各市县各创新创业部门、单位以及个人实际，源头上合理分配资金。其次，应科学细化资金使用方法。此外，切实实行新预算法，将创新创业各项专项资金纳入绩效考核范围，明确各相关主体责任和义务，同时合理制定各项验收指标，使其更加有利于加快资金使用。

2.3　定位不正确，应凸显引导性作用

创新创业各项资金属于财政专项资金，在“万众创新、大众创业”的整体格局中充当着不可或缺的角色。然而，当前各界对专项资金的认识和定位不够准确甚至错误，造成了对创新创业各项财政资金过高的期许和依赖，然而，要更好地开创广西“双创”工作新格局，推进广西各项事业新发展，必须依靠财政投入、

社会资本、大众资本等各项力量。

因此，应正确建立创新创业新观念，找准各项资金力量定位。各项财政专项资金应该充分显现其导向性、启动性的作用，以抛砖引玉的姿态引领企业、社会组织等各界资金投入到广西“双创”事业当中。

最后，任何一项改革、任何一项政策的开展和实施都应该是全员参与，不断完善配套措施，加强各部门、社会各界的合作。因此，广西“双创”工作应正确处理创新创业国有资金使用过程中存在的问题，提高各渠道资金效用将有助于进一步促进创新创业事业迈向更高的台阶，创造更大更丰盛的成果。

参考文献

[1] 赵颖，蔡俊英. 高科技中小企业众筹融资模式探究［J］. 科技管理研究，2016，36（15）：122-127.

[2] 徐绍峰. 破解融资难不能单靠银行体系［N］. 金融时报，2015-04-25.

[3] 杨洪炜. 大型国有企业集团资金管理策略研究［D］. 成都：西南财经大学，2011.

[4] 张伟. 高新技术企业营运资金管理对绩效影响的实证研究［J］，2012（21）：108-109.

[5] 韩新友. 浅谈加强公司资金管理，防范财务风险［J］. 价值工程，2011，30（13）：126-127.

[6] 盛中华. 全球化公司战略的营运资金研究［D］. 青岛：中国海洋大学，2010.

[7] 夏静波. 集团公司资金集中管理模式的比较与选择［J］. 北方经济，2010（1）：89-90.

广西中小微科技企业融资渠道创新

雷远方

（广西财经学院）

摘　要　随着广西经济的发展，广西中小微科技企业由于自身的优势和特点，不断地迅速发展，对广西经济和社会发展，乃至全国经济发展起到了至关重要的作用。可以说，广西中小微科技企业是广西经济的重要组成部分，是推动广西区域经济发展的重要动力。但同时，这些企业也面临着许多融资困难问题。如何突破这个“瓶颈”，解决融资难问题是本文研究的重点内容。本文借鉴浙江省台州改善中小微科技企业融资问题的经验，提出对广西中小微科技企业融资渠道的建议。

关键词　广西经济　中小微科技企业　融资问题

1.引　言

随着广西经济的发展，广西中小微科技企业由于自身的优势和特点，不断地迅速发展，在广西经济和社会发展，乃至全国经济发展中起到了至关重要的作用。从特点上看，中小微科技企业建设周期短，管理成本低，运作机制灵活，更是拥有其他企业无可比拟的创新性和灵活性。可以说，广西中小微科技企业是广西经济的重要组成部分，是推动广西区域经济发展的重要动力。另外，中小微科技企业在我国发展仍处于起步阶段，具有很强的发展活力和广阔的发展前景。但同时，这些企业也面临着许多融资困难问题。如何突破这个“瓶颈”，解决融资难问题，推动广西中小微科技企业发展，是值得研究和思考的问题。

2.广西中小微科技企业的融资现状

2.1　广西中小微科技企业的融资发展现状

近年来，广西中小微科技企业已成为广西经济的重要组成部分，在推动广西区域经济发展中发挥着越来越重要的地位。但是据调查显示，广西中小微科技企业开业资金70%左右来自于个人，民间投资少。对于金融机构来说，中小微科技企业实力薄弱、经营效益较差、负债率又较高，而且企业财务不规范、分布散乱、数量多，投资风险大，所以金融机构往往青睐规模较大的企业。由此，中小微科技企业转向民间借贷取得资金以求生存发展，而民间借贷成本高。从监管方面来看，广西中小微科技企业往往是以非正规的方式进行融资的，主要通过创业者个人的储蓄、亲朋好友的借贷、企业职工的内部集资，有些甚至是非法集资。虽然自治区已发布《自治区工商局关于促进民间投资服务中小微企业发展的措施》，但是要完善信用体系，改善市场环境还需要循序渐进。从这些企业自身来看，经营不规范，科技人才少，层次低，缺乏高端人才，也是造成企业融资困难的主要原因之一。

2.2 广西中小微科技企业的融资特征

综上所述，广西中小微科技企业融资存在以下特征：第一，融资难，中小微科技企业实力薄弱、经营效益较差、负债率又较高，而且企业财务不规范、分布散乱、数量多，很难受到金融机构的青睐；第二，融资贵，与规模较大企业相比，中小微科技企业很难获得银行贷款，不得不转向高利率的民间借贷；第三，融资乱，广西中小微科技企业往往是以非正规的方式进行融资的，主要通过创业者个人的储蓄、亲朋好友的借贷、企业职工的内部集资，有些甚至是非法集资，个人资金涌向高利贷市场；第四，融资险，中小微科技企业本身利润低，成本高，又参与高利贷，背负着沉重的负债和压力，融资风险大。

3.广西中小微科技企业融资过程中的问题分析

3.1 融资困难

中小微科技企业实力薄弱、经营效益较差、负债率又较高，而且企业财务不规范、分布散乱、数量多，很难受到金融机构的青睐，所以，往往得不到金融机构的贷款支持。特别是如果国家收紧银根，中小微科技企业首当其冲被挤兑。

3.2 融资成本高

金融机构往往青睐规模较大的企业，也就是说，规模较大的企业较容易获得金融机构的贷款；相比之下，中小微科技企业则很难获得银行贷款。在此情况下，中小微科技企业不得不通过民间借贷取得短期资金以求得生存与发展。但民间借贷利率高，昂贵的借款成本必然影响中小微科技企业的生存与发展。

3.3 融资监管力度不够

中小微科技企业往往是以非正规的方式进行融资的，主要通过创业者个人的储蓄、亲朋好友的借贷、企业职工的内部集资，有些甚至是非法集资，这样，个人的资金涌向了高利贷市场，有些上市公司的资金，甚至部分银行的资金也参与到高利贷民间借贷之中，导致本来就混乱的高利贷市场更加复杂。

3.4 融资风险大

本来中小微科技企业经营利润就很低，由于其融资渠道单一、融资环境差、融资成本高，又参与高利贷的借贷，所以既背负沉重的债务负担与压力，又聚集着一定的融资风险。因为高利贷隐含着资金链断裂的风险，一旦发生资金链断裂，中小微科技企业的生存就会受到威胁，甚至破产倒闭。

4.浙江省台州中小微科技企业融资渠道经验和借鉴

4.1 浙江省台州中小微企业融资模式借鉴

“全国看浙江，浙江看台州”，经过多年发展，台州形成了全国领先的小微企业金融服务体系，被同行称为小微金融“台州模式”。数据显示，截至2015年11月底，台州小微贷款占当地全部贷款的近49%，比全国、全省分别高出23和10个百分点，连续6年实现“两个不低于”目标。台州企业授信户数中99%是小微企业，金融业贷款的一半投向小微，小微贷款的一半由地方小法人金融机构投放，小微贷款一半多是保证贷款；小微金融覆盖面、满足率等指标均领先全国。小微金服机构从做专到做精，作为中国股份合作经济发源地和民营经济最具活力的城市之一，台州近年来围绕金融服务实体经济的主线，致力于小微金融服务改革创新，逐步构建起国有股份制商业银行、城市商业银行、农村中小合作金融机构、新型农村金融组织等多层次小微企业金融服务发展格局。融资结构从单一走向多元，台州小微企业金融服务水平领跑全国背后主要的贡献来自于银行业金融机构。台州市金融办副主任杨耿彪说：“小微企业融资中绝大多数资金来自于银行贷款，其中3家城市商业银行的小微贷款占全部小微贷款的70%以上，客户数占90%以上，来自于股权、债券等直接融资渠道的资金比例还很低。”根据《浙江省台州市小微企业金融服务改革创新试验区总体方案》，台州今后将在拓宽小微企业融资渠道上下功夫，支持符合条件的各类成长型、科技型、创新型小微企业在境内外资本市场直接融资，支持符合条件的小微企业利用好各类债务融资工具，鼓励其通过资产证券化方式融资，同时，促进私募股权投资基金、创业投资企业发展，加快资产兼并重组，推动新兴产业发展和经济转型升级。此外，台州还将充分利用浙江省内现有的股权、产权交易场所，推进未上市小微企业改制、综合产权转让和融资；探索设立民间资本与小微企业对接的民间融资服务中心。最后，小微企业融资的信息不对称、担保难、收益覆盖风险是世界性难题。台州金改把着力点放在打造地方金融生态环境上，扮演好有限政府同时也是有为政府的角色。

4.2 借鉴总结

浙江省台州中小微科技企业同广西中小微科技企业一样，面临着融资难、融资渠道单一、监管力度不够等问题。因此，广西中小微科技企业的融资渠道改善问题可以借鉴台州模式，拓宽融资渠道，提升企业内部经营管理水平，规范资金运作，完善信用体系，改善融资环境。

5.对广西中小微科技企业融资渠道的建议

5.1 完善广西中小微科技企业的金融政策和法律体系

5.1.1 对中小微科技企业实行税收优惠

目前，广西中小微科技企业税收负担较重，减少中小微科技企业的税收，不仅减轻了企业的资金负担，还可以更好地激励企业发展。对于中小微科技企业的优惠形式、优惠内容仍需要进一步确定。

5.1.2 大力加强资金支持

中小微科技企业缺乏金融机构的资金支持，转向民间借贷，背负着沉重的债务和压力，是中小微科技企业发展滞后的重要原因。政府要扩大财政支持，优先把资金投入到这类企业中，进而吸引高端人才和项目扎根广西。

5.1.3 积极发展为中小微科技企业服务的专门机构

大力发展为中小微科技企业服务的专门机构，为企业提供利益和保障。此外，还要对中小微科技企业的人才进行专门的培训，成为具有先进金融思想的科技人才，能接受新兴的融资方式，最终解决这类企业的融资难问题。

5.2 完善中小微科技企业的征信体统

5.2.1 完善民间中小微科技企业的信用担保机制

商业银行虽然承担了一部分的社会责任，但其本质上是以营利为目的的主体，中小微科技企业自身经营水平不高，放贷成本高，风险大，为了防止信用风险，这些金融机构往往不向经营较差的中小微科技企业放贷。而民间借贷的门槛较低，虽然资金有限，但可以为一些目前经营不是很好的中小微科技企业提供资金，解决燃眉之急。因此，建立相关监管体系，让民间借贷发挥作用，增加违约的道德成本和法律惩罚，让融资市场健康有序发展。

5.2.2 成立专门的信用评级体系

很多中小微科技企业在初创时期财务指标并不“好看”，又苦于缺乏担保物品或信用担保人，而无法及时获得有效资金，这就需要政府的政策性支持。但是这种政府担保需要严格监督，并不是所有的中小微科技企业都可以得到政府的担保，这就需要建立一套专门的、严谨的信用评级体系，做到公开透明，清晰地记录各个企业的信贷信息。

5.3 拓宽广西中小微科技企业的融资渠道

5.3.1 股权融资

股权融资是科技型中小微企业的一种很好的融资模式。新三板是全国性的非上市股份有限公司股权交易平台，主要针对的是中小微企业。但是，新三板市场流动性差，投资者准入门槛高，广西中小微科技企业想要进入其中，不仅需要企业提高自身经营管理水平，尽量达到准入门槛，还需要适当对广大投资者开放。此外，需要银行等金融机构推出与新三板相关的理财产品，吸引更多投资者。

5.3.2 互助担保的融资模式

设立互助担保机构，架起银企之间沟通与联系的桥梁，有效弱化银行与中小微科技企业之间的信息不对称，改善中小微科技企业融资环境。通过各个企业的互助担保，企业以较低成本取得贷款，而银行业可以分散风险，实现双赢。

6. 总　结

广西中小微科技企业由于自身的优势和特点，不断地迅速发展，在广西经济和社会发展，乃至全国经济发展中起到了至关重要的作用，因此要加大力度促进广西中小微科技企业发展。而要促进企业发展，首先要解决的是中小微科技企业的融资难问题。从企业自身出发，提高内部经营管理水平，规范资金运用；从监管机构出发，要完善监管体系，规范民间借贷运作；从金融机构角度出发，为中小微科技企业建立一套完善的、专门的、严谨的信用评级系统。

参考文献

[1] 刘恩惠. 构建小微企业多层次金融支持体系研究［D］. 杭州：浙江工业大学，2012.

[2] 刘瑞. 中小企业融资探索——基于金融创新角度［J］. 价值工程，2007，26（1）：49-51.

[3] 柳春，赵忠平，蓝丽，等. 广西中小微企业科技创新孵化体系构建研究［J］. 大众

科技，2014（7）：241-243.

［4］彭江波. 以互助联保为基础构建中小企业信用担保体系［J］. 金融研究，2008（2）：75-82.

［5］钟丽，詹宇成. 浙江小微企业融资渠道与模式选择［J］. 区域经济发展，2012（11）：73-74.

创新广西科技企业融资渠道的探讨

林桂芬

（广西财经学院）

摘　要　科学技术作为第一生产力，它对经济的发展有至关重要的意义，而由之兴起的科技型产业则迅速上升成为推动经济发展的重要产业。科技型企业本身的高风险、高投入导致其发展壮大所需要的资金规模庞大，而广西作为全国经济较为落后的省份，其现有的融资渠道是较狭窄的，十分不利于筹集资金以进行建设。本文将通过分析广西科技企业融资现有渠道、模式的特点及缺陷，结合广西自身的地理位置优势（邻近东南亚各国）以及其他方面的优势，探讨其可以进行创新之处，最终提出有益于解决广西科技企业目前融资渠道的相关问题的建议。

关键词　创新　科技企业　融资渠道

推动科技企业的创新发展不仅是一项伟大的关于建设创新型国家的长期战略任务，更是加快转变经济发展方式的迫切需求，还是进一步落实新常态背景下由要素驱动转为创新驱动这一发展战略的关键一步。各地方科技管理部门一定要高度重视推动科技企业发展的工作，加强与有关部门的沟通协调，结合各地实际情况，采取有效的措施，切实推动科技型企业的创新发展。拓展广西科技企业的融资渠道、筹集到建设发展资金是极其迫切的。

1.广西科技企业现有融资渠道及现有融资渠道的问题分析

广西科技企业的现有融资渠道主要是以财政资金为主，以银行信贷、民间借贷为辅。其现有融资渠道的总特点就是“融资渠道狭窄，且困难重重”。

1.1　财政资金是融资的重要渠道，但财政资金支持力度不够，企业依赖性高

据有关数据统计，广西科技企业不仅享受政府的各种税收优惠、国家的各项基金，还在2007—2009年期间获得各项资助，总扶持资金达5 000多万元。当然这个资金支持力度还是很微小的。政府提供的资金支持是广西科技企业的主要资金来源，但也可看出这些科技企业对财政资金的依赖程度之高。

1.2 银行贷款是又一大资金来源，但是银行贷款条件苛刻，审批手续复杂

在当前的融资环境下，银行自然而然地成为支持广西科技企业发展的最主要阵地。银行贷款融资也无可避免地成为广西科技企业融资的中坚力量。银行贷款虽具有融资时间短、到账快的特点，但其审批条件也是极为苛刻的。例如，要求企业近几年有较高的盈利水平、企业的发展前景较明朗、资产负债率指标良好等，对于刚起步的科技企业而言，这无疑是道极高的门槛，难以跨越，这往往拦截了银行的资金流入科技企业。

1.3 民间资本借贷也是重要融资渠道，但民间借贷资金成本高，时间期限短

民间资本借贷相对于银行借贷而言，手续简便、支付方式灵活，能较好地适应科技型融资的“短、小、频、急”的特点，但是民间借贷的利息成本是科技企业难以承受的。这使得广西科技企业较少地将民间借贷作为其主要的融资方式，因此民间借贷模式尚未成为一种有效的融资方式。

综上所述，广西科技企业融资遇到的难题是：对财政资金依赖程度高；信贷资金难获取，且银行贷款资金具有较大压力和风险；融资环境较差，限制多，融资难度大；融资模式单一、老套，缺乏创新之处。

2.创新拓宽广西科技企业融资渠道的策略探讨

2.1 发挥地域优势，积极吸引东盟资金，减少对本土财政资金的依赖

广西壮族自治区位于我国华南地区西部，南濒北部湾，面向东南亚，西南与越南毗邻，是西南地区最便捷的出海通道，在中国与东南亚各国的经济交往中占有重要地位。其地理位置十分优越，可谓风水宝地。对于周边的东南亚国家而言，中国科技企业在许多领域是先进的，值得它们学习和投资，甚至是合作。在广西本土财政资金支持力度不够的情况下，可以考虑吸引东盟国家的财政投资。对东盟国家而言，整个广西都是它们的投资宝地，广西科技企业未来更成熟之后极可能是盈利的平台，这是极其有吸引力的条件。

一方面，政府应该出台相关政策，协助广西科技企业融资；另一方面，科技企业的创新研发成果具有较大的不确定性，即该项目投资带来的现金流入是有风险的。但由于科技企业的地位重要，国家固然应该给予较大资金扶持。这个扶持不应被科技企业作为赖以生存的资金命脉。因此，广西科技企业可以适当地宣传，结合合资的融资模式，适当引进东盟国家政府的财政投资、东盟国家的其他企业投资。这样一来可以加强中国-东盟的合作，二来也解决了广西科技企业的

大部分资金难题，可谓两全其美。

2.2 银行应该积极响应国家政策，为科技企业的融资做出努力；同时，科技企业努力提升自身的实力，争取获得银行的贷款

广西科技企业的发展目前急需大量发展资金，以抓住机遇，取得科技成果的创新突破，从而带动广西相关产业的发展。而贷款融资是企业有效融资的主要模式，因此银行应积极创新经营观念，开发针对科技企业的相关金融业务活动，既能够有效防范风险，又能创新担保条件，以满足科技企业正规的融资需求，为科技企业的发展贡献出该有的力量。当然，银行贷款基本的要求还是要的，银行也不会一味地降低贷款条件。因此，科技企业自身也需为获取银行贷款下功夫。科技企业应该不断地完善自身的企业制度，特别是规范健全财务制度，要使得财务系统更加透明化（以便贷款银行进行信用评价）；科技企业的财务人员、管理人员应该多关注金融政策，扩充金融知识，多思考结合科技企业自身，如何改造以达到银行贷款的条件，申请适当的银行贷款。总之，双方都需努力，但是在这个过程中一定要注意融资质量的把控。

2.3 完善国内投融资和东盟直接投资法律；规范民间借贷环境，创造有利的融资环境

好的环境才能造就高质量的融资。科技企业的投融资具有自身的特点，因此，需要单独出台相关的法律法规对其进行规范。这就应该加快法律规范的步伐，扩大需要规范的领域，把更多可能涉及的科技企业投融资的内容归纳进来，细化已经出台的相关法规，使得法律法规更加完善健全，例如，完善知识产权质押制度的建设。

民间借贷其实可以是科技企业的一种有效融资手段，但是需要对其进行规范，例如，细化民间借贷的法律法规，加大金融监管力度等。再者，由于上述建议支持东盟国家投资，因此还需要对东盟直接投资的相关法律进行规范，为东盟国家的直接投资提供有利环境和契机，以更好地吸引东盟投资，造就一个高质量的融资环境。

2.4 积极借鉴其他融资模式，打破单一模式

加快科技企业建设项目步伐需要巨额资金支持，原有狭窄的融资渠道难以筹集到能满足建设需要的足够资金。应打破单一融资模式，借鉴或改良国内外成功的科技企业融资模式，迁移使用这些成功的融资模式，使得广西科技企业的融资模式多样化，提高融资效率。广西科技企业可以适当地采用中小企业创业板融资渠道，达到条件的科技企业积极尝试股票（IPO等）融资渠道。科技企业还可以采用PPP多元模式，积极引进多个投资主体，最大化地筹集科技企业建设所需的资金。同时，还应该取消对一些投资主体的限制，降低投资主体的准入门槛，让融资的难度相对降低，当然还需慎对投资主体，秉承融资质量优先的原则。

3.结　语

随着广西经济近些年跳跃式发展，广西迎来科技浪潮下的新发展机遇，广西科技企业的建设发展显得越来越重要。为进一步加快广西科技企业的发展步伐，进一步发挥其带动广西相关经济发展的功能，结合国内外的新型融资模式，根据广西科技企业独特的地理位置优势等实际情况与特点，探讨具有针对性的、科学合理的、适合广西科技企业建设的融资渠道，以加快和完善广西科技企业的建设，以科技企业带动整体经济的发展，将成为广西发展任务的重点。

参考文献

[1] 王新颜. 我国中小高新技术企业融资渠道创新研究 [J]. 现代经济信息，2011 (22)：38-40.

[2] 郑璋鑫. 小企业融资制度创新的思考 [J]. 理论导刊，2005 (1)：11-14.

[3] 卢艳婷. 高科技企业融资 [D]. 太原：山西财经大学，2012.

科技型中小企业的融资渠道研究
——以风险投资为例

罗 恒

（广西财经学院）

摘 要 有高投入、高风险、高收益特征的科技创新型企业，目前在其经营发展中融资难的问题尤为突出。针对这一问题，本文从科技型中小企业的资金需求出发，挖掘了科技型中小企业融资困难的原因，总结了风险投资对于科技型中小企业的贡献和意义，并提出关于科技型中小企业通过风险投资这一融资渠道进行融资的建议。希望通过相关参与者的共同努力，降低科技型中小企业进行投融资的相关风险，满足科技创新的资金需求，促进科学技术的蓬勃发展。

关键词 科技创新 中小企业 融资渠道 风险投资

1.引 言

科技型中小企业是一支主要从事高新技术产品研发、生产和服务的企业群体，是我国技术创新的主要载体和经济增长的重要推动力量，在促进科技成果转化和产业化、以创新带动就业、建设创新型国家中发挥着重要作用。但是由于科技型中小企业高风险、高投入的特点，传统融资方式无法满足其融资需求，如果缺乏及时、足量的资金投入，科技创新活动随时都会被中断。而目前我国暂时缺乏适当的融资渠道与平台，缺乏足够的初始投资以及不断的追加投入，导致创新过程被迫中断，这已经成为我国大多数企业科技创新的重大障碍，影响了创新的研发和成果的产业化。

2.科技型中小企业融资现状及问题

国外市场主导型的金融体系使得天使投资、PE/VC和创业投资等风险偏好较高的主体可以满足科技型中小企业在初创期和成长期的融资需求，促进企业的发展，提高了科技成果转化的效率；相比较而言，我国银行主导型的融资体系容易忽略中小企业的融资需求。国家工商行政管理总局《全国小型微型企业发展报告》显示，我国中小企业创造的最终产品和服务价值相当于国内生产总值的60%，纳税占国家税收总额的50%，完成了65%的发明专利和80%以上的新产品开发，但中小企业的贷款覆盖率仅为20%。而我国很少有专门服务于科技型中小企业的银行，加之科技型中小企业本身的高风险系数更使其贷款可能性降低。我国的资本市场虽已存在中小企业板块，但上市准入条件较高，覆盖面有限，很多科技型中小企业无法上市融资。

较之于传统工业企业，科技型中小企业的融资要困难得多。我国科技型中小企业融资方面存在许多问题：

第一，融资市场化水平较低。目前我国金融业还是国有专业银行占主导地位，得到金融支持的大多数是国有企业，为了防范风险，大银行对高风险的科技型中小企业往往拒之门外。

第二，融资渠道单一。银行借款在企业外部融资渠道中所占比例高达70%以上，虽然引入了风险投资，但相关法律体系的不完善，风险投资缺乏发展环境，风险结构失衡，制约了科技型中小企业的融资。

第三，资金供需结构失衡，融资耦合度不高。科技型中小企业由于自身能力问题没有把握融资机会，风险投资拒绝向可行的项目投资，容易造成供给失灵。

第四，融资社会化支撑体系不完善。尽管我国政府和社会各界为了扶持科技型中小企业的发展，采取了各种支持措施。但从总体上看，科技型中小企业融资的社会化程度仍然较低，突出表现为社会信用制度不健全、融资中介机构不规范、融资担保体系不完善等。

巨大的资金需求和有限的资金投入严重阻碍了我国科技成果的转化和科技型企业的发展，使我国科技成果的转化率远远达不到理想状态。

3.风险投资对于科技型中小企业的贡献和意义

3.1 风险投资的含义

风险投资是指对高风险性项目的投资，即凡是以高科技创新为基础，生产与经营技术密集型产品的投资，都可视为风险投资，专营风险投资的金融组织即风险投资公司。风险投资形成于非传统的资金来源并主要投资于处于初创或成长初期的高成长性、高风险性企业，它以相对较长期的股权投资为主要投资形式，并以股权的高幅增值和最终出售来获取投资回报。风险投资在资金上填补了政府拨款到银行贷款中间的空缺，这正好解决了科技成果由实验室向工业化、产业化大生产的转移，即技术创新问题，这就是风险投资的特殊功能所在。

3.2　风险投资是科技型中小企业融资的有效途径

风险投资作为一种新型的投融资方式，由于其有别于银行等传统金融机构，能切实解决科技型中小企业融资难的问题，必然会日益受到企业的关注和欢迎。

（1）风险投资可为科技型中小企业提供长期资金。科技型中小企业的创立和技术的研究与开发需要大量的资金。如何使技术顺利开发并迅速转化为商品，这是科技型中小企业面临的紧迫问题，也是阻碍其前进的最大障碍。科技型中小企业在融资中明显处于劣势，这是由于它们不但规模小、缺乏相应的信用和盈利记录、有形资产少、自身担保实力弱，而且其融资项目的技术风险、市场风险、管理风险都很突出，所以把资金安全性放在第一位的银行及其他传统金融机构是不愿对其大量借款的。由此可见，仅靠传统融资手段是不可能满足中小高新技术企业对资金的需求的。

风险投资作为一种中长期的股权投资，其关心的不是项目的短期营利性和安全性，而在于项目的远期成长性。正是因为风险投资具有这种特征，所以它能够弥补传统融资的巨大缺口。尤其是在创业初期和成长期，诸多不确定因素使其带有较高的风险，有限的资产令其难以获得建立在抵押方式上的融资，而风险投资公司为这些科技型中小企业的发展带来了长期资金，成为众多科技型中小企业融资的首选。风险投资的出现，能有效解决科技型中小企业最为头疼的融资难题。

（2）风险投资参与经营管理并共担风险。引入风险投资客观上要求企业理顺产权关系、明确产权归属，按所投入资金和技术等无形资产确定各自股权比例，按现代企业制度的要求对企业进行规范管理。同时，风险投资公司出于对投资收益的考虑，会更多地向企业提供专业的管理咨询意见，甚至参与企业经营管理。风险投资公司不仅为企业提供急需的资金，而且还积极为企业出谋划策。正是这种主动参与经营的投资方式，使得由风险资本支持而发展起来的企业成长远快于同类公司。风险投资公司一般具有丰富的融资经验与较强的管理能力，能向科技型中小企业派去管理顾问、财务顾问，帮助企业建立行之有效的科学管理机制和健全的财务制度。可以说，风险投资公司与科技型中小企业共同承担企业的风险，共同分担企业失败时的损失。

4.我国风险投资存在的问题

尽管我国很早就开始发展风险投资，但至今还没有真正形成一个行业，也没有形成高技术产业发展的一个强有力的融资渠道。其问题主要表现在以下几方面：

第一，风险投资公司（企业）的数量多，但良莠不齐，缺少像国外那样资金实力强大的风险投资公司。

第二，风险投资的融资渠道狭窄，资金流量单一、有限，导致了科技风险基金的风险投资职能很弱，风险投资行为也不规范。

第三，知识产权制度的不完善及资金市场化程度的脆弱，使我国风险投资企业的技术风险和市场风险加剧。

第四，风险投资的政策资源和人力资源尚缺乏，这是我国风险投资目前急待解决的问题。

第五，风险投资退出机制不畅通。风险投资退出机制不畅，使一些潜在的投资者因惧怕“投进去，收不回”而对风险投资望而却步。

我国的风险投资出现以上这些问题，归根结底是因为：

一是缺乏适合中国国情的风险投资体系。目前中国的风险投资在理论上主要是借鉴和模仿美国的风险投资体系，因为中国风险投资刚刚进入发展初期，风险投资体系还不健全，从而使创业起步阶段的科技型中小企业的发展受到资金的巨大制约。

二是缺乏有效的利益推动机制。目前社会上产生一种想要投资的个人或单位找不到合适的好项目，有好项目的单位或个人又找不到融资渠道的错位现象，原因是缺乏一种联系金融与科技型中小企业的利益推动机制。这种推动机制就是承担巨大风险的同时，享受高额的利润回报，如果收益率与风险无关，这就极大地降低了风险投资公司投资的积极性。

三是缺乏复合型人才。国外的风险投资之所以能发展得那么快，并对其高科技产业的发展起到巨大的推动作用，其中起着决定性作用的是拥有一大批既懂科技又懂金融的复合型人才。这种复合型人才是联系科技型中小企业与资金的桥梁和纽带，然而中国十分缺乏这样的复合型人才。

5.利用风险投资对科技型中小企业进行融资的建议

我国应采取措施发展风险投资，使其真正形成一个行业，形成对科技型中小企业和高技术产业发展的一个强有力的融资渠道。可以采取的措施如下：

（1）培育风险投资主体。风险投资公司应是投资主体、风险主体和利益主体，是不依附于任何一个政府部门的独立的金融企业。为达到风险投资行为的市场化要求，要有步骤地推进国有风险投资机构的资本重组，实现产权结构多元化，以企业制度变迁推动国有风险投资机构经营管理机制的转变；同时应该采取各种措施大力扶持私人风险投资公司的发展，还应积极吸引国外风险投资公司的进入。

（2）大力开拓融资渠道，建立多层次的风险投资网络，壮大风险投资业的实力，引导风险投资进入科技型中小企业。应有意识地着力培育多元化、多层次的风险投资网络，鼓励部分工商企业、银行、信托公司、保险公司、社会保障基金、投资基金等参股组建风险投资公司；允许条件成熟的风险投资公司上市，并以法律手段保障其合法权益。

（3）加强和完善知识产权保护制度，保护科技型中小企业的科技成果，是吸引和保护风险投资者不可缺少的武器。知识产权保护制度对风险投资的重要性有别于其他产业，科技型中小企业拥有高风险、高投入的特点，如果没有对其科技成果的有效保护，将直接威胁到风险投资的生命线。不仅需要完善相关法律法规体系，更需要有效地执行这些法律法规，既保护科技型中小企业的利益，也保护风险投资人的利益。

（4）建立科技型中小企业与风险投资中心的信息服务网，为风险投资寻找适合的项目，为企业寻找足够的风险资本，减少错位现象。信息服务网应建立彼此急需的数据库，如技术库、项目库、物资供求库、政策法规库，推进信息资源共享。另外，建立企业数据库，挑选优质企业和有价值的项目，为其提供融资，引导风险资本进入感兴趣的科技型中小企业，搭建交流平台。

（5）建立科技与金融结合的人才培训中心，培养高素质的复合型人才。这样的人才不仅要求具有金融、财会、法律和工程技术等方面的知识，具有敢冒风险和预测、处理、承受风险的能力，更是高科技项目方面的专家，他们对科技成果产业化后的市场前景有准确的判断和预测。这样的人才，是积极引导风险投资向科技型中小企业融资的桥梁。因此，当前必须创造各种条件、提供各种优惠，大力培养造就一批高素质的复合型人才。

（6）建立科技型中小企业与风险投资公司管理交流中心，培养科技型中小企业的正确融资理念。通过相关的理念教育与灌输，使科技型中小企业允许风险投资公司进入企业内部管理，参与经营，促进共赢，同时完善相关法律法规，保护企业的成果，建设企业与风险投资公司的诚信墙。

6. 结　论

科技创新是巨大的经济引擎，可以提高经济增长质量，在为实施科技创新的中小企业创造巨大发展空间的同时也提供丰厚的回报。科技型中小企业发展的最大问题就是融资问题，而风险投资是科技型中小企业的重要融资渠道。风险投资与科技型中小企业具有天然的内在联系，两者之间是相互联系和相互作用的。一方面，科技型中小企业高风险、高投入和高回报的特点与风险投资追求高收益的特性是一致的，科技型中小企业的发展离不开风险投资的支持；另一方面，风险投资不仅为科技型中小企业提供资金支持，还通过参与科技型中小企业的经营管理，为科技型中小企业提供智力支持。这是一种支持经济发展的新模式，即科技的发展给金融的现代化提供了强有力的手段，同时，金融的现代化也给科技的产业化注入了强大的动力。应大力发展新模式，搭建一个风险投资与科技型中小企业的互利共赢平台，实现经济与科技的发展与共赢。

参考文献

［1］迟宝旭，李友华．制约中国科技型中小企业融资的深层原因剖析［J］．科技与管理，2002，4（12）：47-49．

［2］耿敏．科技型中小企业融资问题研究［J］．中国乡镇企业会计，2015（9）：18-19．

［3］梁益琳．创新型中小企业成长、融资约束与信贷策略研究［D］．济南：山东大学，2012．

［4］刘启云．科技型中小企业融资存在的问题及对策［J］．内蒙古科技与经济，2015（12）：26-27．

［5］徐衡．科技型中小企业融资问题研究——基于企业生命周期理论［D］．北京：对外经济贸易大学，2010．

［6］张蒙．中小企业科技金融创新探索［J］．新会计，2016（9）：57-59．

互联网+中小型科技初创企业融资新思路研究

韩　悦

（广西财经学院）

摘　要　科技创新企业是将科技成果转化为市场商品的经济实体，其已成为国民经济主导产业之一。科技创新企业虽然有其独特性和创新性，但也具有高风险和无形资产的特点，因此，这是导致企业融资难的最重要因素之一。本文基于互联网众筹模式，首先总结和概括科技创新企业的行业特点和不同阶段的企业进行传统融资的情况，其次对众筹融资模式进行分析，最后提出个人对发起众筹融资的建议。

关键词　科技创新企业　融资　互联网众筹

在市场经济体系中，科技创新企业是国家经济增长的重要贡献者之一。党的十八大报告明确指出："科技创新是提高社会生产力和综合国力的战略支撑，必须摆在国家发展全局的核心位置。"而中小型科技创新企业是科技企业的重要组成部分，是科技创新的成果产业化的直接载体。中小型科技创新企业已经成为我国经济持续增长和社会稳定进步最具有活力的源泉，为我国GDP的增长、就业人口的吸纳和市场产品的丰富做出了巨大的贡献。因此，大力发展中小型科技创新企业不仅可以扩大就业机会、增加财政收入，而且是调整和优化产业结构的重要途径。

科技创新企业虽然有其独特性和创新性，但其也具有高风险和无形资产的特点，加之与融资机构之间信息不对称等因素导致企业在融资方面遇到不少困难。近年来，我国进入全民创业、万众创新的"互联网+"金融时代，人们手中的钱越来越多，与此同时将钱存入银行所能获得的收益却越来越少，当需求得不到满足时，人们就会寻找其他的投资方式。因此，利用民间资本发展中小型科技创新企业是一种不可逆转的趋势，可以说是社会发展到一定程度的必然产物，顺应了经济社会发展的潮流。在这样的大背景下，互联网众筹作为解决科技融资缺口的崭新模式，在我国经济发展进入新常态的时期存在着前所未有的机遇。本文基于互联网众筹模式，首先总结和概括科技创新企业的行业特点和不同阶段的企业在进行传统融资的情况，其次对众筹融资模式进行分析，最后提出个人对发起众筹融资的建议。

1.中小型科技创新企业发展状况

1.1 中小型科技创新企业认定标准

中小型科技创新企业是指拥有一定科技人员，掌握自主知识产权、专有技术或先进知识，通过科技投入开展创新活动，提供产品或服务的中小企业。中小型科技创新企业应该符合以下几个特征：首先，企业已依法登记注册，具备企业法人资格，具有健全的财务管理制度，职工人数和学历构成符合一定的条件；其次，符合国家产业技术政策，有较高创新水平和较强市场竞争力，有较好的潜在经济效益和社会效益；最后，企业应当主要从事高新技术产品的研制、开发、生产和服务业务，企业负责人应当具有较强的创新意识、较高的市场开拓能力和经营管理水平，每年研发投入占销售收入的比例达到一定标准等。

1.2 中小型科技创新企业的特点

中小型科技创新企业的特点主要是高风险、高投入、高成长、高回报。首先，高风险是指企业往往在初创期经营规模较小，企业人才以技术型人才为主，但技术型人才团队有它的短板，那就是过于偏重技术研究导致企业陷入经营财务风险。同时，企业还存在技术风险、市场风险、知识产权被侵犯的风险等。其次，高投入是指在开发研究某个技术项目时投入成本过高，并且需要持续地追加投资。科技企业的产品更新速度较快，往往会出现一个产品经过高成本研发出来后被市场所淘汰的风险。再次，高成长是指企业的发展速度较快。科技产品一旦获得社会认可，企业就占有明显的市场优势，企业也将进入跳跃式的成长期。最后，高回报是指科技企业投资回报率较高。在市场上具有独特性和短期内的不可复制的特点，使企业能在短期内收入颇丰。

2.从中小型科技创新企业生命周期角度分析传统融资方式

一般来说，中小型科技创新企业在发展过程中要经历种子阶段—初创成长阶段—加速成长阶段—稳定成长阶段—成熟阶段这五个发展阶段。因为其不同的成长需求，每个发展阶段表现出不同的融资特征，导致其融资方式各不相同，各种融资方式都有其优缺点。

2.1 科技创新企业种子阶段融资方式

种子阶段企业的主要战略是投资于研究与开发和技术改进，提高产品质量。由于产品类型、特点和性能以及目标市场尚在不断发展变化中，企业的融资方式以内部融资为主。团队成员积蓄是最主要的资金来源，其次才是亲朋好友的积蓄支持。这种私人资本的融资方式的优点在于在开发产品期内不用听取任何外行或个人的意见，可以节省不少的开发成本，方便沟通。但缺点在于资金额度有限，而科技创新产品往往需要一大笔资金，仅靠企业内部融资是不够的。

2.2　科技创新企业初创成长阶段融资方式

在此阶段，企业对资金需求量显著增加。该阶段产品完成商品化并进入试销阶段，由于企业还没有经营业绩，很难获得商业信贷，此时企业又要进行大量设备采购来满足产品生产的市场需求，私人资本已经不能满足企业资金需求。因此，这个阶段的主要融资方式是风险资本以及天使投资。该融资方式的风险主要来自市场发展或公司管理与风投的意见不合，影响资金的使用效益以及与公司发展战略目标冲突。

2.3　科技创新企业加速成长阶段融资方式

企业进入此阶段后，产品销量上升，产品的消费群已经扩大，消费者对质量的要求不高。企业所面临的技术风险、经营风险与市场风险逐渐降低，形成了自己的核心能力。为了争取最大市场份额，企业需要向大批量生产转换，并建立大宗分销渠道，此时，企业需要大量资金来拓展市场和完善经营。这时企业已初具规模，在社会上有一定的品牌知名度和企业形象，该阶段的融资方式更多偏向于债务融资和股权融资以及政府资金支持。

2.4　科技创新企业稳定成长与成熟阶段的融资方式

在此阶段，企业的销售额和市场份额、盈利水平都比较稳定。由于企业成长性良好，现金流量变得比较容易预测，经营风险较低，企业拥有足够的规模。这时企业资金来源主要是追求稳健经营的银行等金融机构的信贷资金。

通过上述分析，可以看出，绝大多数中小型科技创新企业只有拥有潜在的规模并进入加速成长阶段后，才能寻求稳定的资金来源。然而，中小型科技创新企业在初期规模较小，受国内上市融资条件限制，银行贷款难度高，因此中小型科技创新企业融资渠道非常狭窄。这大大阻碍了中小型科技创新企业的生存和发展。企业一旦融资不到位，创新产品就有可能夭折，最终无法投向市场。

3.中小型科技创新企业融资新思路

众筹作为一种新兴的融资模式，其具有草根性、个性化、及时性的特点。众筹是指基于互联网平台，共同筹集资金以支持他人或组织发布的项目。众筹融资模式已颠覆了传统的融资模式，改善了中小型科技创新企业的融资环境，成为创业投资的新生代表。

随着互联网渗透率的不断提升，我国网民规模进一步扩大，移动网民增速高于整体网民，2017年移动网民数量达7.5亿，超过PC网民成为互联网的第一大用户群体。2015年，国务院两次发文要求增强众筹对大众创新创业的服务能力，适应“互联网+”特点，开展股权众筹等试点工作。在“大众创业、万众创新”的浪潮下，创业资金需求量大，众筹能帮创业企业扩大融资来源，并能为其融资降本增效。下面将按众筹融资模式进行细化分析，给初创企业提供一定参考价值。

3.1 奖励型众筹模式

奖励型众筹又称实物回报型众筹或者预购式众筹，是指在筹集款项时，项目发起人以非金融性奖励作为投资人的回报。奖励型众筹通常应用于创新项目的产品融资，尤其适合科技类众筹项目。由于科技类众筹项目与创新创业紧密关联，该众筹模式在各大众筹平台中占据绝对的主导地位。奖励型众筹不仅能筹集项目所需的初始启动资金，还能借助大数据与云计算的支持掌握内容商及消费客户的数据指标和消费者所关注的资源。同时，该模式打破了传统的从募集资金进行研发设计到生产制造最后终端销售的价值创造模式，直接从终端募集消费者的资金进行研发设计生产。假如项目产品是满足市场消费者需求的，项目发起人可以轻松地提前募集到资金。在募集到资金的同时意味着产品的订单已经被生成确认了，大大缩减产品营销成本和广告费用。2015年6月15日上午10点，小牛电动N1在京东众筹上线，原计划众筹500万元的目标，在开盘仅4分38秒后就已达到。而在过了14分钟之后这一数字就已超过千万元，该数字突破3 000万元仅用了5小时50分，成为国内权益类众筹中募集最快、金额最大的众筹项目。该项目是典型的回报型众筹项目，该项目的成功意味着牛电科技已经赢得了时间与充足的量产启动资金，到了有资格真正进入直面消费者的阶段。

3.2 股权众筹模式

股权众筹是指企业出让一定比例的股权，面向大众投资者，投资者通过投资资金入股企业，获得未来收益。同时，企业也能通过互联网渠道获得大量资本。我国股票市场主板上市的门槛较高，导致很多中小型科技创新企业难以达到上市标准。同时，上市的成本较高，必须支付法律、会计、审计等中介服务费用，初创企业往往无法承担这笔昂贵费用。互联网股权众筹资本门槛较低，投资者只需审核企业的资质后在网上签订相应的协议便可。股权众筹还能帮助创业者得到更多行业资源、管理经验等附加无形价值。因此，股权众筹的本质是创业服务，而不仅仅是投融资信息对接。例如，2015年5月29日，WiFi万能钥匙在筹道股权平台上发起股权众筹，项目上线不到1小时，浏览量即突破10万，截至6月10日众筹成功，浏览量已超过300万，共有5 712人认购，认购金额达到70亿元。该项目成功吸引了众多投资人和民间资本，更说明股权众筹占有资源对接优势和投融资的主动权，能及时反馈市场动向以及中国民间资本投资热度。

3.3　债权型众筹

与股权融资相比，债权型众筹是间接融资行为，由中国银监会监管，项目拥有者得到资金，回报方式主要为利息。目前，科技类项目最具有吸金能力。P2P网络借贷就属于债权型众筹，它由多位投资人对P2P平台上的借款项目进行投资，按投资比例获得债权，未来获取利息收益并收回本金。P2P跟投资人签署安全条款，在借款人无力偿还时能给投资人予以保障。有了保障可以有效激发民间资本进入投资市场的积极性。

4.众筹融资的对策及建议

4.1　树立法律法规意识

众筹融资要坚持平台功能，不得变相搞资金池。企业不能借助互联网金融名义进行非法集资，非法吸收存款。要树立法律法规意识，走可持续发展道路，稳中求进。

4.2　完善企业组织结构，提高经营管理水平

首先，中小型科技创新企业要描绘好组织机构蓝图，明确各部门岗位职责；其次，公司企业管理部具体负责组织协调内部控制的建立实施及日常工作；最后，在经营过程中要积极引进先进管理知识，优化和梳理好企业的商业模式。

4.3　关注消费者动向，提高项目产品质量和性能

如何让自己的产品受到客户关注喜爱是企业首要考虑的因素。企业需要拿到更多的终端消费者的数据来进行产品功能的设计及改良。所以，企业要创建品牌：一是必须重视产品的质量。产品的质量是企业立足之本，也是企业的生存之本。二是要根据消费者的购买决策等数据，调整产品类型、特点、性能来满足市场需求。

5.结　论

由于中小型科技创新企业存在严重的风险问题，银行等一般金融机构不敢也不愿向它们融资，导致我国经济存在严重偏颇。在此种背景下，众筹的出现迎合了我国经济发展的需要，为解决我国中小企业融资难的问题提供了具体的可行性

方案。

参考文献

［1］蒋玉洁，徐荣贞．自主创新型企业的金融支持体系研究［J］．经济问题探索，2007（11）：145-149．

［2］李丽霞，徐海俊，孟菲．我国中小企业融资体系研究［M］．北京：科学出版社，2005．

［3］徐绍峰．破解融资难不能单靠银行体系［N］．金融时报，2015-04-25．

［4］许珂．中小型科技创新企业融资模式选择［N］．金融经济，2013-04-25．

［5］赵颖，蔡俊英．高科技中小企业众筹融资模式探究［J］．科技管理研究，2016，36（15）：122-127．

［6］周峰．高科技中小企业融资路径选择研究［D］．长沙：中南大学，2008．

“双创”背景下高校人才培养现状及影响因素研究①

——以南宁市各高等院校为例

黄巍菁

（广西财经学院）

摘　要　本文旨在探讨“双创”背景下普通高校人才培养现状及影响因素，以460位南宁市各高校在校生为调查对象，采用实证研究的方法对传统教学模式的学习行为进行分析，以学习现状和影响因素作为比较变量开展研究，发现传统教学方式存在的问题，并为提高教学质量和促进大学生的学习提出相关建议。

关键词　双创　学习现状　影响因素

1.引　言

“双创”即大众创业、万众创新，自2014年9月被提出之后，社会的关注热度持续高涨，尤其是高校“双创”教育备受关注，国家和各级政府相继出台优惠政策，从融资、税收、培训指导等方面鼓励大学生创新创业。但目前我国的“双创”教育在目标、理念和体制上都存在很大的问题，不能太急功近利，要避免短视的、政策应急性的“一哄而上”，应从长远角度考虑，扎实规划好“双创”之路。同时在“双创”背景下，“互联网+教育”的引入也一度火爆教育界，“慕课”以其新颖的教学模式引起了一股潮流，这股潮流正在世界高等教育领域引发一场前所未有的大变革，这种在美国发起的大规模开放在线课程，其运作模式已在根本上触动传统高等教育的根基。

在传统教学模式下，大学里常常出现学生挂科、课堂出勤率低的现象，为进一步了解传统教学模式下，南宁市各高校的人才培养现状，笔者将学习现状分为3个维度，即课堂学习、自主学习及学习能力自我评价。课堂学习包括出勤率、考试成绩等；自主学习的主要量化指标为自习时间，此外通过学生在校的经历侧面了解。影响因素分为5个维度，即个人、专业、家庭、学校和社会5大因素。

①　本文受2015年度广西高等教育本科教学改革工程项目（2015JGA336 2015A06）资助。

我们采用实证研究的方法，向广西大学、广西财经学院、广西师范学院、广西民族大学共发出350份问卷，回收235份，有效问卷为219份，问卷有效率达62.57%，对收集到的资料采用SPSS17.0软件进行分析研究，最后提出对策建议，以改善教学质量。

2.研究设计及实现

2.1 研究对象

本次调研对象为广西各高校在校生，由于慕课在广西地区的推广不广泛，所以本次调研采用随机抽样，分别到广西大学、广西财经学院、广西民族大学、广西师范学院等高校寻找慕课学习者。在慕课学习者中，既有刚学几周的初学者，也有具有完整课程体验并且拿到2个证书的学习者。

2.2 研究变量

本文研究将学习行为分为“学习计划性”、“学习态度”、“学习主动性”、“自习时间”和“学习方法”5个变量，“学习计划性”包括学习前评估课程完成的难易度、了解课程与老师的基本信息、确认上课时间是否与在校课程有冲突和有计划安排每门课的学习时间；“学习态度”包括会认真阅读老师推荐的书籍、会在第一时间完成任务或作业和总在讨论区积极提问或解答问题；“学习主动性”包括会主动寻找学习伙伴、主动寻找与考试和作业有关的学习资料；“自习时间”为考试和作业花费的时间；“学习方法”包括把课程视频和资料下载后学习、做笔记和标重点、与他人合作完成学习任务以及在非课程网站寻求帮助。

3.数据统计和分析

3.1 描述性统计分析

从此次参与调查的学生来看，男女比例接近3：7，符合广西各高校男女比例分布情况；从年级分布来看，大部分参与调查的学生来自大一、大三、大四三个年级，其中大一群体占调查总人数的40.64%；从家庭住址来看，参与调查的学生主要来自农村地区。

3.2 问卷的信度和效度分析

信度方面。α值等于0.810，标准化的内部一致性α系数值为0.717，量表的内部一致性较高，即问卷具有较高的信度，整个量表可以接受。“学习行为”α

系数>0.8，表明该项数据的内部一致性高。

效度方面。变量“学习行为”和“技术支持”的因子的KMO的值 > 0.8，表明效度理想。

3.3 大学生学习现状分析

学生出勤情况良好。调查显示，受访者中有68.04%的学生表示自己的出勤情况为良好以上，针对不同背景下受访者，不同性别（Sig.=0.000）、政治面貌（Sig.=0.034）对出勤情况在统计上有显著差异，分析得到女学生的出勤情况比男学生好，共产党员（含预备党员）比群众出勤情况理想。

学生成绩自评比较满意。调查显示，受访者中有40.22%的学生表示自己的学习成绩情况为良好以上，还有31.09%的学生表示自己的学习成绩为一般，针对不同背景下受访者，不同性别（Sig.=0.024）、年级（Sig.=0.000）、政治面貌（Sig.=0.000）对学习成绩在统计上有显著差异，分析得到女学生比男学生、大三和大四的学生比大一的学生以及共产党员（含预备党员）比群众和共青团员在学习成绩自评上高。

逃课情况较严重，学习需摆正态度。调查显示，有71.96%的学生表示自己曾经有过逃课情况，这表明学生们的逃课情况较严重，需引起重视，受访者选择逃课情况的原因主要是:“对课程不感兴趣”，占总人数的40.22%；“老师讲得不好，去不去无所谓”，占总人数的25.87%。

学生自习时间一般。调查显示，有40.22%的学生表示自己的自习时间情况为一般，仅有20.87%的学生表示自己的自习时间情况为良好以上，校园生活丰富多彩，学习不再是学生们课余生活的单一选择。针对不同背景下的受访者，发现不同就读学院（Sig.=0.000）对自习时间在统计上有显著差异，广西民族大学的学生自习时间高于广西师范学院和广西财经学院的学生，广西大学的学生自习时间高于广西师范学院的学生。

学生较注重自己除学术科研以外的能力提高。调查显示，有超过一半的学生都有担任过学生干部和兼职的经历。此外“在非学术性比赛中获奖”的在此次调查中达到29.78%，可见学生们在非学术性活动的参与中比较活跃，较注重自己除学术科研以外的能力提高。

合理看待学生自评现状。调查显示，在学生学习能力自我评价体系中，选择自己有着良好的学习态度和学习计划、积极学习为较强以上的学生比重依次为42.39%、26.74%、32.61%，而选择一般的学生比重依次为46.52%、51.3%、47.17%，可见学生们对自己的学习能力评价：学习态度不错，学习计划性和学习主动性较一般；对于不同个人背景的学生，不同性别（Sig.=0.023）对学习态度以及不同就读学院（Sig.=0.001）对学习计划性和学习主动性在统计上有显著差异，女学生比男学生的学生态度好，广西民族大学的学生比广西师范学院和广西财经学院的学生学习计划性和学习主动性强，广西大学的学生比广西师范学院的学生学习主动性强。

重就业、轻学术。在学生兴趣方面，调查显示，学生们最需要的是“专业技能培训”“创新能力”“职业规划”，受访者在选择这三项合计表达“非常需要”和“十分需要”的意愿的比重依次为86.74%、83.48%、75.21%。剩余合计表达“非常需要”和“十分需要”的学生中有62.18%的学生选择“科研教育”，48.91%的学生选择“考研经验交流会”，43.47%的学生选择“学术讲座”，仅有40%的学生选择公务员考试培训，可见学生们较重视自己的就业能力，对学术研究的兴趣不大。

3.4 影响因素分析

个人因素。本文将个人因素分为六个变量：学习态度、学习目标、学习计划性、学习主动性、自我约束能力、学习信心。由于其中的学习态度、学习计划性、学习主动性与学习现状重叠，故不再讨论。调查显示，选择自己有着明确合理的学习目标、良好的自我约束能力和充分的学习信心为较强以上的学生比重依次为：16.53%、20.65%、15.66%；而选择一般的学生比重依次为48.26%、48.48%、50%，可见学生们的学习目标、自我约束能力和学习信心较一般；对于不同个人背景的学生，不同性别（Sig.=0.044）、就读学院（Sig.=0.008）、年级（Sig.=0.028）、政治面貌（Sig.=0.001）对学习目标在统计上有显著差异，女学生的学习目标普遍比男学生明确合理，广西民族大学的学生比广西师范学院的学生在学习目标上更明确合理，大三的学生的学习目标比大一的学生明确合理；共产党员（含预备党员）的学习目标比群众明确合理；就读学院不同（Sig.=0.012）对学习信心在统计上有显著差异，广西民族大学的学生比广西财经学院的学生在学习上信心更充足。

专业因素。调查显示，有超过一半的受访者反映本专业课程设置一般。在“对所学的专业很感兴趣”选项上，分别有28.48%和11.3%的学生“比较赞同”和“十分赞同”，表明学生对所学的专业兴趣较高；在“本专业所学利于日后发展”选项上分别有27.3%和7.39%的学生“比较赞同”和“十分赞同”，表明学生对自己所学专业认可度度较低，还有21.52%的学生表示想换专业。

家庭因素。从整体调查情况来看，大部分学生家庭对自身的学习具有积极的影响，超过一半的受访者反映与家人常沟通，相处和谐；在“家庭各方面有利于自己的学习”选项上，分别有39.57%和27.83%的学生“比较赞同”和“十分赞同”，表明学生们在学习上普遍得到家人的支持；合计有44.13%的学生“比较赞同”和“十分赞同”“家人对自己有较高的期望”。

学校因素。调查显示，有超过一半的受访者表示学校的公共资源、硬件设施及学风有利于自己的学习，对于“参与社团活动”“班级的学风”“宿舍的学风”

有利于自己的学习，合计"十分赞同"和"比较赞同"的学生分别为：44.34%、65.22%、70%。由此可得南宁市各高校的课余活动比较丰富，如何协调好社团活动和学习之间的关系，更好地提高社团活动的价值意义需要我们加以注意。

社会因素分析。通过调查可得学生认为对自己的学习现状影响最主要的社会的就业形势，其次是社会对高校毕业生的认可和社会对学校的认可，就业形势在最近几年十分严峻，逐渐加重的就业压力，引发高校学生普遍担忧。

4.总结与建议

学校应改善相关课程设置，加强学生专业技能的培训。调查显示，学生们逃课现象严重，主要原因为对课程不感兴趣，且受访者普遍表示所设课程合理性一般，对课程感兴趣程度一般，在对学习内容的需求中，"专业技能培训""创新能力""职业规划"为前三项，这表明可以通过学校对课程的调整及加强专业技能培训的内容改善学生们的学习现状。

培养学生时间规划能力，提高学生课堂参与度。通过回归分析得到个人因素中的学习态度、学习计划性和学习主动性对学习现状的影响显著，而调查显示学生们的学习计划性和主动性一般，因此学校要正确引导学生们合理规划时间，老师们要改善课堂氛围，学生们要增强自己时间管理和融入课堂学习的理念，同时也要增强自我约束能力。

引导学校社团价值的建设。调查显示，认为"参与社团活动"有利于学习的学生人数仅占总人数的44.34%，而校园文化是高校建设的重要根基和精神精髓，学校引导校园文化与社团价值相结合将能更好地改善学生们的学习现状。

引导学生合理看待社会竞争压力，建立心理辅导机制。调查显示，就业形势为全部受访学生关注的焦点，面对当前的就业形势，学校要做好企业和学生之间的桥梁作用，积极搭建信息平台，一方面为企业招录人才提供资源，另一方面帮助同学收集有效的就业信息，提高学生就业率。此外，还要积极建立相关心理辅导团体，以轻松愉快的方式鼓励学生积极面对人生。

参考文献

［1］黄梦雪.北京地区高校大学生学习现状及影响因素的调查研究［D］.北京：首都经济贸易大学，2014.

［2］胡晓芳.大学生学习状况及对策研究［J］.神州旬刊，2011（11）：22-23.

［3］刘昌明.新世纪大学生学习现状调查与分析［J］.教学研究，2003，26（1）：5-9.

［4］刘杰，庞岚.大学生学习状况调查及其对高校学风建设的启示［J］.中国地质大学学

报，2004，4（3）：91-94.

［5］宋艳.大学生学习现状研究——以西南大学为例［J］.中国高等教育评估，2011，（4）：66-70.

［6］朱桂平.商科大学生学习状况的调查分析与对策［J］.黑龙江高教研究，2009（5）：127-129.

刍议企业管理体系创新优化

王元凯

（广西财经学院）

摘　要　本文以企业管理体系之管理会计创新优化为研究重心，围绕企业管理会计理论创新和企业管理会计实践优化两方面予以展开：（1）构建企业管理会计理论体系，对其概念框架予以创新；（2）以理论体系为基础，从未来实务焦点方面探讨管理会计实践提升，以期为我国企业管理体系的创新优化提供有益启示。

关键词　企业管理体系　企业管理会计理论创新　企业管理会计应用优化

1.引　言

30多年来，我国创造了令世界瞩目的经济增长成就。然而，我国经济增长模式长期在低产出、低效率、低科技含量和高能耗层面徘徊，企业管理工作滞后也是主要问题之一。因而在全球技术日新月异、产业创新速度加快的背景下，为更好地适应这一趋势，释放产业源动力，促进现有经济模式的转型，中央提出了以“创新驱动产业升级、推动经济成功转型”的发展概念。可见，创新是中国经济进入新常态、产业结构转型升级的新动能。但是，普遍来看，当下有关创新的论调，大多易受意识形态和主观臆断影响，喊口号远多于建设性意见提出；有些观点则多流于表面，没有进行深入剖析提炼，言谈宽泛而没有实质。因此，本文对“创新”的论述并非从宏观战略角度予以辨析，而是基于笔者的所学，简述在企业管理中如何运用“创新”思想进行创新与优化，使理论与实践相结合，力求“体用合一”。

作为我国经济发展的紧密见证，会计工作是企业管理所不可分割的一部分。管理会计是当下会计工作的发展重心，更是企业与行政事业单位实现其组织目标的重要保证。因此，为满足我国经济“加速升级”的迫切需求，全面推进管理会计发展，也就有着极为重要的意义。自2014年国家大力推进管理会计体系建设以来，理论界所获颇丰，但实务界收效甚微，这与“创新”口号化的处境相同。无论是发展还是创新，仅仅摇旗呐喊不会有任何的实际操作意义，只有深入调研，找准困顿突破点，让理论能够真正指导实践，才能得到行之有效的创新方案。囿于文章篇幅，以下是有关企业管理中管理会计的些许创新与优化。

2.企业管理会计理论创新

总的来说，理论上所研究的管理会计概念框架和实务中所认为的概念框架是有一定出入的。毕竟，管理会计的概念框架研究是建立在行为理性及预期合理的前提之下的，相应的概念就侧重于理论；相反，实务中的概念框架主要是为满足企业相关经营决策和控制管理，即侧重于与实践的相关。同时，尽管《〈管理会计基本指引（征求意见稿）〉起草说明》认为“管理会计的原则、要素、工具方法和信息报告等在企业和行政事业单位应用并无实质性区别，仅在目标方面可能有些差异”，但囿于企业和行政事业单位管理会计基本属性的差别，企业管理会计的概念框架还是应该充分反映企业管理会计的主要特征，企业管理会计概念框架详见图1。

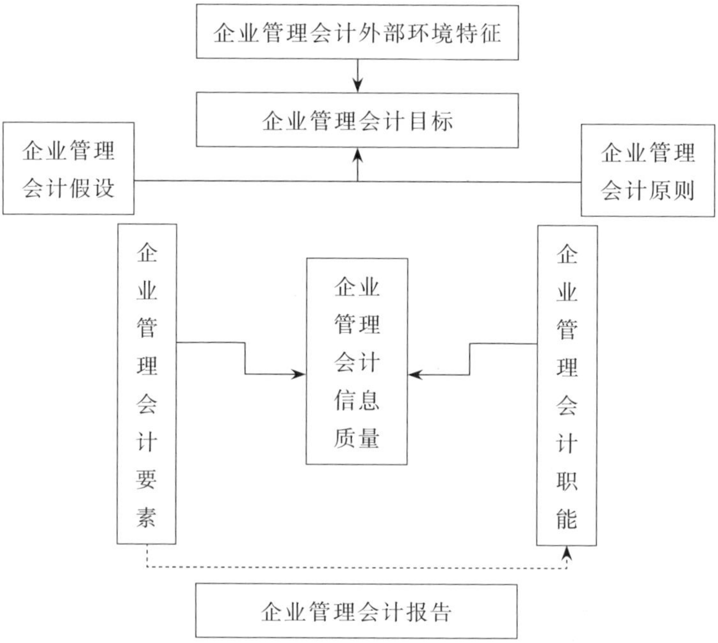

图1　企业管理会计概念框架

（1）企业应用管理会计的动机往往在于一个“动点”，如为提高管理效率或满足行业竞争等在特定经营管理情境下的引入需求。这些需求，由各种影响因素促成，掺杂在每个动点之后，恰好与企业管理会计的目标“互补”。因此，企业管理会计的目标，并非简单地强化企业内部经营管理，提高经济效益，在要求的背后还需兼顾各方面动点，从专业角度剥离出方案本质，从适应角度满足自身规则，让构思的实践框架能够与管理会计的服务职能相适应。

（2）在一定程度上，企业管理会计实践是围绕行为核心展开的一系列生产、经营和管理的应用活动，因此，企业管理会计概念框架的构建一定要有标准化的意识，才能在根本层面上保证管理会计实践的质量和交付水平，从而减少偏差，提高效率，体现出管理会计的专业性。

（3）统观以往对企业管理会计概念框架的界定，既有客观标准，又有主观倾向，因而在进行整合时，要避免臆断性地叠加“乱炖”，而应系统性地把规律与经验相融合，促成沉淀与积累。

3.企业管理会计实践优化

大致来看，管理会计工具的应用在理论情境下和企业实际运用情境下的预期成果还是有所不同的。对于企业来说，要判断生产、经营和管理过程中能否应用某项管理会计工具，需先行评估该项工具的应用背景、应用成本及预期状况。正因如此，诸如管理会计工具的了解程度、应用程度和实践评价等，会在很大程度上影响企业对管理会计工具的选择，这也是由我国管理会计应用的外部环境所决定的。

ACCA与上海国家会计学院（2014）曾就该问题，以16项最具代表性的管理会计工具为样本，研究了管理会计工具在我国企业的了解程度与应用程度的相关性。但在对管理会计应用的满意概况没有既定标准的情况下，无论是对企业管理会计工具应用认知程度统计，还是应用相关性的统计研究，对企业管理会计未来实务焦点的判断都不具有普适性。因此，本文在上述研究的基础上，除添加了管理会计的实践评价调查外，又根据我国企业管理会计应用的实际状况将管理会计工具方法的样本扩充为21种，并以此构建了我国管理会计工具应用的三维离散关系，如图2所示。

图2中标号所代表的管理会计工具方法依次为：（1）标准成本；（2）经营预算；（3）业绩评价；（4）责任会计；（5）转移定价；（6）激励机制；（7）质量成本；（8）作业成本法；（9）目标成本法；（10）环境会计；（11）资本预算；（12）本量利分析；（13）价值链分析；（14）平衡计分卡；（15）生命周期；（16）成本改造；（17）盈利性分析；（18）投资评价；（19）风险管理；（20）战略性投资管理；（21）财务资金管理。

选择该21种管理会计工具方法作为代表样本，是基于山西通力、邯钢、洛铜、中石油和中石化等近30年我国企业管理会计实证研究众多案例的综合考虑，并根据调查反馈的实际情况，以0～20为标准对所选样本进行赋值，其中最高分为19，最低分为3。进而，笔者又分别对样本的了解、应用和评价三方面赋值进行数据化分析，结合图2中的三维离散关系，将样本分为了三大梯队，这三大梯队也是今后我国企业管理会计实务关注重点与否的先后顺序：

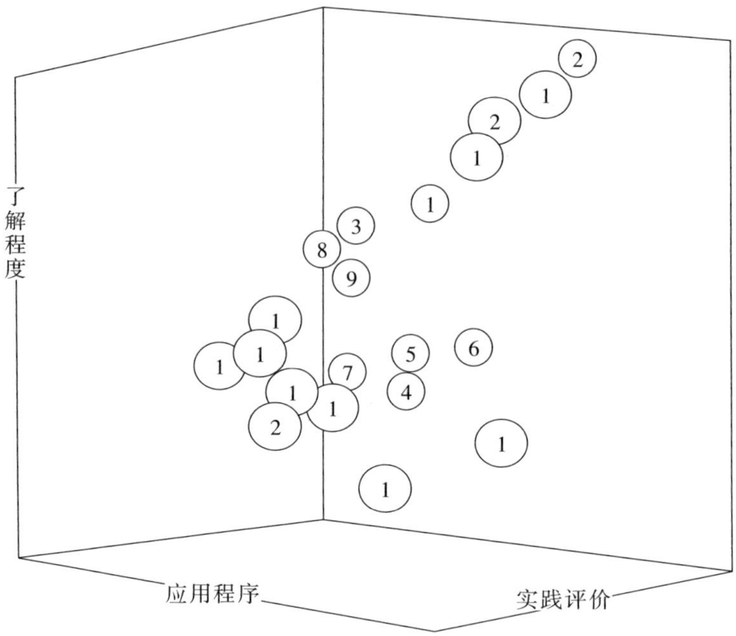

图2 我国常用管理会计工具应用三维离散关系

（1）加大发展力度。由图2可知，价值链分析与盈利性分析在我国企业的认知与应用方面虽有欠缺，但其良好的评价与实践意义提示我们应加大该模块的发展力度，深度挖掘，充分发挥好管理会计的职能属性。

（2）加强关注。由图2所示，责任会计、转移定价、质量成本、环境会计、平衡计分卡、生命周期、投资评价、风险管理及战略性投资管理等在以上三方面的欠缺，多与企业内外应用环境有关。这些工具在外已充分接受了理论与实践的检验，在内则是管理会计体系构建验收的重要一环。所以，随着我国企业管理会计体系及内外应用环境的完善，这些工具在逐步满足企业自身需要的同时，也会逐渐成为发展的主流。

（3）维持水准。从图2可以看出，标准成本、本量利分析、作业成本法、目标成本法、经营预算、资本预算、业绩评价、财务资金管理与激励机制等在了解、应用和认知三方面均已有不错的表现，这与我国管理会计实务的发展历程相对应，也反映出我国企业现阶段着眼最多的是成本管理和预算管理，其次是激励机制与业绩评价等。所以，已然完备的方法及工具，应继续维持现有应用的高水准，同时以标杆的作用来推动我国企业管理会计实践的发展。

为提出有针对性的改进意见，做好企业管理会计的实践提升，本文就需要加强关注的第二梯队的背后诱因进行了影响因子的分析梳理。所谓因子分析，就是用少数因子去描述大量指标或因素之间的联系，即将相关性比较密切的几个变量组合为一个因子，从而以较少的因子来直观反映研究材料的大部分信息。经对比归纳，笔者初设企业管理会计人才队伍现状、企业管理会计重视程度现状、企业管理会计体系构建现状、企业管理会计信息系统现状、企业管理会计区域发展现状、企业管理会计咨询服务现状、企业管理会计工具方法可行性与适应性现状、企业管理会计决策影响度现状和行业引入管理会计迫切性现状等作为初始变量，结合梯队二中样本进行赋值并做因子分析。分析结果如下：

（1）因子相关方面：系数矩阵中P值线性关系较强，KMO值为0.917，Bartlett检验sig值为0.000，可知9个变量间相关性良好，因子分析能够符合预期。

（2）因子提取方面：主成分分析法下，对应变量共性较集中，有八项大于87.5%；前三大因子特征根合计依次为4.565、2.272和1.421，三者累积贡献率达91.766%，与碎石图中大因子的陡峭斜率对应，其余因子特征根均小于1（公因子方差和解释的总方差不做单独列示）。图3特征根的变化曲线是先急速降低，后降势渐缓，再趋于平滑，因此，主因子研究选择前三个因子最为可行。第一因子变量贡献最大，也是本模块关注焦点。

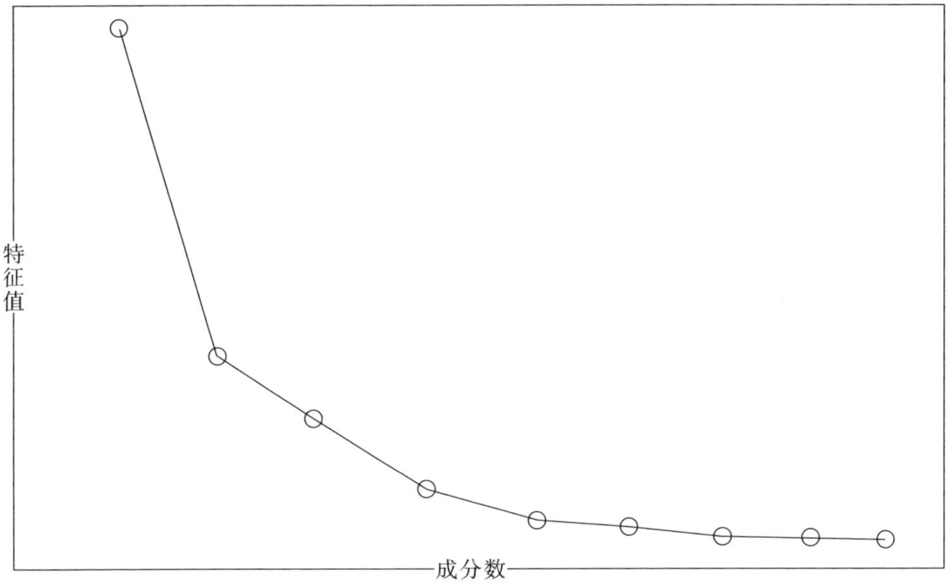

图3 碎石图

（3）因子旋转方面：为求命名直观，对因子进行旋转处理，由主成分法提取，以方差最大法旋转，旋转在6次迭代后收敛。旋转前因子函数按X=AmF+εn模式分列，各初始变量在不同因子负载的偏差程度不大，但载荷系数在旋转后分化明显。其中，企业管理会计人才队伍现状、企业管理会计信息系统现状和企业管理会计咨询服务现状在第一因子上有极大负载，归为一类。这三个指标都是前文中企业管理会计体系基本设想中的基本构成部分，因此，对第一因子的命名可概括为“执业配套-信息系统因子”。同理，企业管理会计决策影响力度现状、企业管理会计工具方法适应度和可行性现状以及行业引入管理会计迫切度现状在第二因子上有较大负载，而且指标都是描述影响企业管理会计应用的内部诱因，因此第二因子可命名为“策略工具-行业需求因子”。指标企业管理会计体系构建现状、企业管理会计重视度现状和企业管理会计区域发展现状在第三因子上有较大负载，都是描述企业管理会计应用的外部诱因，因此把第三因子命名为“体系完善-未来发展因子”。图4是因子载荷矩阵在旋转后的图形化体现，上述归类能够在旋转空间成分图中表述得更为直观。

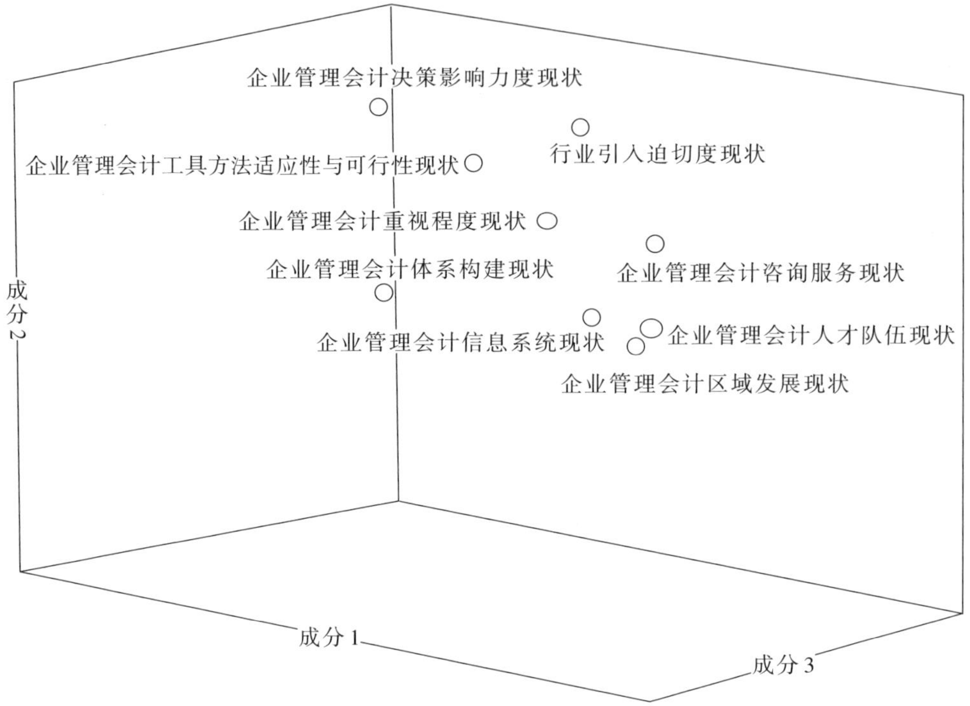

图4 旋转空间成分图

（4）因子得分方面：对因子进行归类命名后，验证因子得分系数和因子得分协方差，根据初始变量的标准值和成分得分系数可以得到旋转后的因子得分：

$$F1=0.248X1+0.123X2-0.017X3+0.220X4+0.264X5+0.190X6+0.016X7-0.222X8+0.04X9$$

$$F2=-0.15X1+0.072X2-0.079X3-0.11X4-0.197X5+0.098X6+0.311X7+0.532X8+0.369X9$$

$$F3=0.012X1+0.189X2+0.713X3+0.124X4+0.104X5-0.333X6+0.024X7+0.064X8-0.319X9$$

以上是管理会计工具方法中今后在实务中应加强关注部分的影响因子分析，即责任会计、转移定价、质量成本、环境会计、平衡计分卡、生命周期、投资评价、风险管理及战略性投资管理在企业实践了解、应用和评价三方面不理想表现的背后诱因汇总。根据分析概括，诱因汇总后分别体现在“执业配套-信息系统”、“策略工具-行业需求”与“体系完善-未来发展”三方面。受制于当下影响企业管理会计应用发展的一众原因，要想在实践提升方面取得良好进展，就要从这三方面入手。除此之外，价值链分析与盈利性分析也亟待挖掘，其在实务中良好的评价与实践意义，提示企业应加大对两者的发展力度。

4.总结与不足

4.1 总 结

本文以企业管理体系之管理会计创新优化为研究重心，从企业管理会计理论创新和企业管理会计实践优化两方面予以展开：第一，构建企业管理会计理论体系，对其概念框架予以创新；第二，以理论体系为基础，从未来实务焦点方面探讨管理会计实践提升，以期为我国企业管理体系的创新优化提供有益启示。所得创新如下：第一，新概念框架能够充分反映企业管理会计主要特征；第二，就管理会计应用三方面评价，结合离散关系和相应数据分析得出今后实务焦点，并进行因子分析。

本文认为：

（1）有关创新的研究，不能受意识形态和主观臆断影响，也不能只喊口号而没有实质；

（2）有关创新的论述不能只流于表面，而应深入剖析提炼，使意见有建设性与操作性；

（3）创新的思想并非只局限于宏观战略角度，而应能适应各行各业当下困境的创新与优化，使理论与实践相结合，从而体用合一。

4.2 不 足

（1）管理会计概念框架方面所能反映的企业管理会计主要特征不易归纳，现阶段主要集中在企业管理会计应用的“动点”与需求、本质与职能、行为核心与标准化以及系统与整合等方面予以评析，归纳出能够反映企业管理会计特征的三大要点，其他尚待总结。

（2）在管理会计未来实务焦点方面，本文所选21种管理会计工具方法为代表样本，是基于对山西通力、邯钢、洛铜、海尔集团、中石油和中石化等近30年来我国企业管理会计典型案例的综合考虑。但囿于现有条件，本文在撰写时并不能向以上企业发出并收回调查问卷，只能根据现有案例归纳各项工具的得分，因此样本赋值难免含有主观臆测的成分，与实际情况有所偏差。后期研究可针对上述不足进行完善，进而使得研究更为全面、深入。

参考文献

[1] 范金坤，王迪.会计信息化背景下管理会计创新探讨［J］. 商场现代化，2016（8）：193-194.

[2] 刘亚岚.管理会计理论发展与创新研究［J］. 财经界，2015（20）：249-249.

[3] 张佃淑.会计环境变革与财务会计理论创新刍议［J］. 财会学习，2016（20）：107-108.

科技企业融资渠道研究

翟建达

（广西财经学院）

摘　要　党的十八大以后，习总书记对创新发展提出了一系列重要思想，把创新发展提高到事关国家和民族前途命运的高度，摆到了国家发展全局的核心位置。科技企业是实现科技创新的主体，也是国民经济增长的重要源泉。我国科技企业在获得蓬勃发展的同时，也存在着一些阻碍发展的难题。融资问题是我国科技企业发展面临的一大难题，本文将从企业自身以及外部环境探讨企业融资问题，并尝试提出解决的办法。

关键词　科技企业　融资　融资渠道

1.科技企业现状

我国科技企业存在两个大问题：一是高科技产业化途径单一，科技成果转换率不高；二是科技企业融资较为困难，尤其是中小企业，获取融资的难度更大。

1.1　高科技产业化途径单一

科技企业是实现科技成果产业化的重要主体。科技成果产业化是将科技成果应用到生产过程，将科技转化为生产力的过程。科技成果分为核心技术和外延产品两部分，产业化的过程也要区别对待，大致分为核心技术的国家管控和外延产品的民间投资。国家对高科技的核心技术，尤其是涉及国防安全的部分，由政府拟订计划、实施，并由政府出资和承担风险；与国防无关的部分，政府组织大型企业进行研究开发并承担投资及风险。外延产品部分主要由科技型中小企业和具有独立研究能力的科技工作者，主动寻找社会资金支持，将科技成果应用于实践，并产生经济效益。由于经济发展水平限制，我国长期以来主要走以政府为主导、大企业做研发的路子，在国防科技的建设上取得显著成果，但这样的转化方式很难与市场需求相契合。因此，要加强科技成果产业化，就要开辟新的途径。

1.2　科技企业融资困难

科技企业是科技成果转化的有效载体，也是国民经济增长的重要源泉。近年来，我国为支持科技创新而建立的金融体系取得了一定的成效。但从实践情况看，科技创新产业急剧扩大，需求大量增长，与之对应的融资体系还远不能满足。首先，科技企业是科技产业化的主力军，它们的产品往往是过去没有的，而且它们的目的不是去占有现成的市场，而是开发新的市场。由于新产品的市场具有极大的不确定性，风险很高，投资者更倾向于投资成熟的产品。其次，科技企业最大的资产不是固定的物品，而是其掌握的科技成果和人才等无形资产，现在的银行根本不接受这样的“抵押品”，从经营的安全性出发，银行不愿提供贷款。最后，科技企业是创新企业，一般没有太多的信誉记录可查，难以取得社会公众信任，银行不愿放贷，企业又难以达到发行债券和股票上市的标准，致使上市融资成为一种奢望。

科技企业的上述特点，决定了融资问题成为企业发展的主要难题之一。

2.我国科技企业融资渠道分析

企业的融资渠道可以分为内源性融资和外源性融资。内源性融资是企业发展过程中原始资本的运营过程中的剩余价值资本化的资金，包括初始投资以及折旧基金、留存收益（包括各种公益金、公积金和未分配利润）等。外源性融资则是企业通过各种途径从企业外部其他的经济主体处筹得的资金，不同的资本形成方式对企业的发展起着不同的作用。

2.1 内源性融资方式下的融资渠道

内源性资本是企业生存和发展的重要组成部分，具有原始性、独立性、有限性、低成本、低风险等特点。原始性是指这一部分资本是企业的启动资本，是承担企业债务的最主要的资本部分。独立性是指内源性资本来自企业内部，企业可以比较自由灵活地使用。有限性是指内源性资本来源有限、数量有限。我国的科技企业内源性融资方式下的融资渠道主要有保留盈余、定额负债、计提折旧、天使资金。科技企业发展必须首先依靠自助式的内源性融资，即业主的自有资金或亲朋好友的投资来发展，这是企业存在和发展的基础，是获得外源性融资的先决条件。科技企业是资本密集型、技术密集型企业，科技企业发展的各个环节都需要大量的资金投入，并且随着产品的创新活动逐层发展，所需的投资规模依次递增。由于科技企业在初创期和成长期需要大量的资金而产出极少也不稳定，企业迅速增长的资金需求无法被自身的利润所满足，因此内源性融资远远无法满足企业自身发展的资金需求，还需要通过外源性融资方式筹措资金。

2.2 外源性融资方式下的融资渠道

外源性融资是指企业通过各种途径从企业外部其他的经济主体处筹得资金，

外源性资本具有大量性、集中性、高效性、有偿性、高风险等特点。主要的融资方式有以下几种：

（1）银行贷款。向银行贷款是企业最主要的融资手段。虽然国务院与中国人民银行出台了一系列的法令措施，中央与地方先后成立中小企业担保中心，中央政府还明确提出并要求银行增加对中小企业的贷款，但是众多银行尤其是商业银行并没有向中小企业提供贷款支持，导致了中小企业在筹措资金时出现“大银行贷不到，小银行喂不饱”的尴尬局面。

（2）主板上市与企业债券。我国的高科技企业能达到在证券市场发行股票、债券要求的并不多，只有少数企业能通过主板上市和发行债券获得融资。主板上市对企业的要求高，费用高；发行债券的审批程序复杂，在政策上也存在一定障碍。这两种方式都不太适合科技企业。

（3）申请创业投资基金和技术创新基金。创业投资基金可以通过它的经验和知识来帮助企业改造内部组织结构、选择业务方向和实施领导培训。创业投资基金重视企业的长期经营业绩和发展前景，投资比较理性，能够促进企业资金的合理配置。技术创新基金采用无偿拨款、贷款贴息、资本金投入三种方式支持企业的发展，一些达到相应条件的高科技企业可获得该项基金的支持。申请创业投资基金和技术创新基金适用于具有创新能力、能依靠自身产品优势发展的科技企业。

（4）创业板上市。创业板是大多数科技企业渴望的上市场所。创业板是风险投资者通过风险企业上市成功退出的渠道，是提供企业发展所需资本的场所。虽然创业板门槛较主板市场低，但上市评估费用不低，且筹资成本不低于银行贷款成本。而创业初期的科技企业很难达到最低标准，而且这段时期企业运营不是很规范，不符合创业板上市的具体规定。

（5）股权转让。股权转让是一种最常见的、操作最简单的融资途径。它是指企业在未上市前，将部分股权或者全部股权向其他企业或者个人转让的行为。由于高科技企业高风险的特点，商业银行一般不接受其债务性融资；同时科技企业不可能全部上市，能够上市的也只是一部分。大部分投资需要通过股权转让实现退出，因而不需提供资产担保或抵押，以出让部分股权来获取融资成为科技企业的必然选择。

3.开辟科技企业融资新渠道

以上的融资渠道远远不能满足我国科技企业的资金需求。我们可以探索学习国外的一些融资方式，拓宽科技企业的融资渠道。

（1）金融租赁。金融租赁是一种既融资又融物的投资方式，利率水平略高于银行贷款。目前全球近1/3的投融资是通过金融租赁的方式进行的，金融租赁在发达国家已经成为仅次于银行贷款的一种融资方式，但是我国的金融租赁业发展缓慢，没有发挥金融租赁的优势。金融租赁对申请企业的资信要求不高，而且企业可以因此享受国家相应的税收优惠。我国的科技企业对金融租赁的了解不够，采用较少，今后应该鼓励发展金融租赁业，为科技创新提供更多的金融服务，促进科技企业的发展。

（2）香港地区创业板上市。香港地区上市条件较国外上市条件更为宽松，所产生的费用也更低，可以节省很大的成本。因此，在香港地区创业板上市是一种较为实际的选择。

（3）吸引国内潜在资金。我国存在大量的闲散资金，但是缺乏政策引导，企业无法充分利用民间存在的众多潜在资金。我国的潜在可利用资金主要分为三类：一是养老金、保险金；二是各类非金融企业资金；三是闲置的民间资金。在这里我们主要关注闲置的民间资金。我国民间闲置资金数量庞大，这些资金可以提供大量的融资空间。如何合理地筹集这一部分资金，需要进行更多的探索。

（4）吸引国内外风险投资资金。风险投资是未来科技企业最佳的融资渠道，它不仅能吸收资金，还能获得管理、技术等资源。尽管最近几年我国的经济增长速度放缓，但是仍旧吸引着不少风险投资者。由于国内没有形成有效的风险资金退出渠道、科技企业与国外风险投资公司之间存在着一定的信息障碍、国内没有较为成熟的科技评估机构和体制等原因，海外的风险投资者对于投资中国的科技企业尤其是中小型科技企业更为谨慎。同时，由于国内风险投资机制不够成熟，风险投资没有良好的退出渠道，加之企业的资信水平有待提高，国内的风险投资公司多采取短期的投资行为，不利于科技企业的持续发展。

虽然有众多的融资渠道可以选择，但国内的科技企业仍然难以筹集资金。国内企业的诚信问题成为融资的一大障碍。中国企业不讲信誉的问题在于产权不明晰、监控不到位。我们要保护知识产权，建立一套完善的监管体系，维护科技专利所有者的权益。

4. 结　论

一方面，政府应加大建设和监控力度，完善国内风险投资市场、担保体系、信用服务体系、科技无形资产评估体系；另一方面，企业要积极寻找可能的融资渠道，通过各种方式展现自己的科研能力，以获得融资。科技企业需要明白融资难的根本问题在于自身，企业需要做好核心业务，树立良好的企业形象，研发技术领先、适应潜在市场需求的产品。只有拥有强大的核心竞争力，企业才能获得足够的内源资金，同时又获得持续的外源资金，从而走出融资困境。

参考文献

[1] 李明玉.关于完善中小企业融资问题研究 [J]. 价值工程，2011，30（9）：165.
[2] 谢朝斌，董晨.中小企业融资问题研究 [J]. 经济管理，2002（3）：34-38.